点亮智慧之灯

黄冈中学教育魔方

李金奇　袁小鹏◎指导　阮中强◎编著

世界知识出版社

图书在版编目（CIP）数据

点亮智慧之灯：黄冈中学教育魔方 / 阮中强编著；--2 版 .-- 北京：世界知识出版社，2015.12

ISBN 978-7-5012-5115-5

Ⅰ. ①点… Ⅱ. ①阮… Ⅲ. ①课程 – 高中 – 教学参考资料

Ⅳ. ① G634

中国版本图书馆 CIP 数据核字（2015）第 304509 号

书　　名	**点亮智慧之灯：黄冈中学教育魔方** Dianliang Zhihui Zhideng: Huanggang Zhongxue Jiaoyu Mofang
作　　者	阮中强
责任编辑	王瑞晴　蔡金娣
文字编辑	王　超
责任出版	王勇刚
出版发行	世界知识出版社
地址邮编	北京市东城区干面胡同51号（100010）
电　　话	010-85112689（编辑部） 010-65265923（发行部）
网　　址	www.ishizhi.cn
印　　刷	北京中科印刷有限公司
经　　销	新华书店
开本印张	720×1000 毫米　1/16　13 印张
字　　数	145 千字
版次印次	2016年6月第一版　2016年6月第一次印刷
标准书号	ISBN 978-7-5012-5115-5
定　　价	36.00 元

2010年1月21日，时任教育部副部长陈小娅到黄冈中学视察时指出：

我们希望像黄冈中学这样的百年名校，向外输出的不只是“黄冈密卷”，而是在人才培养、办学模式上更多的创新。

据新华网报道

黄冈中学以面向全体、因材施教为基石，以敢为人先、提高质量为追求，以尊重规律、提高素质为主线，以教师发展、团队建设为关键，以推进改革、勇于创新为动力，为基础教育的发展积累了可贵的理论与实践的财富，对于形成中国特色、中国风格、中国气派的现代化教育，推动中国基础教育事业进入世界先进行列，做出了具有深远意义的探索和贡献。

国家总督学顾问、联合国教科文组织协会世界联合会副主席

LIGHT THE WISDOM

媒体关注黄冈中学

◀ 2013年1月31日，以黄冈中学为背景拍摄的电影《全城高考》首映

◀ 中央电视台《新闻直播间》2010年6月2日

◀ 中央电视台《走遍中国》2007年12月13日

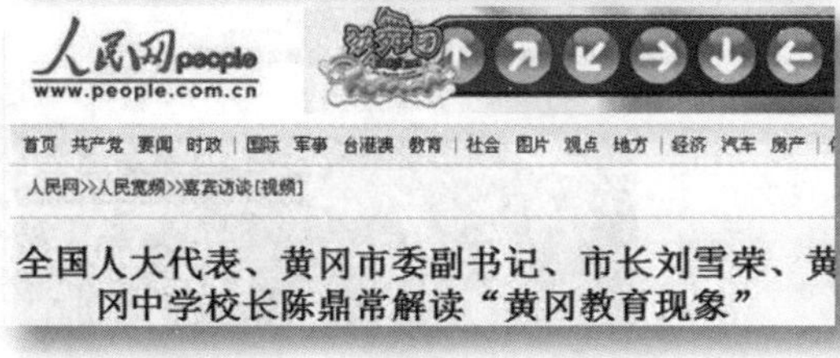

◀ 人民网2008年3月14日专访

《三联生活周刊》2007 年 6 月 11 日以“黄冈制造”为封面话题对黄冈中学进行深入报道

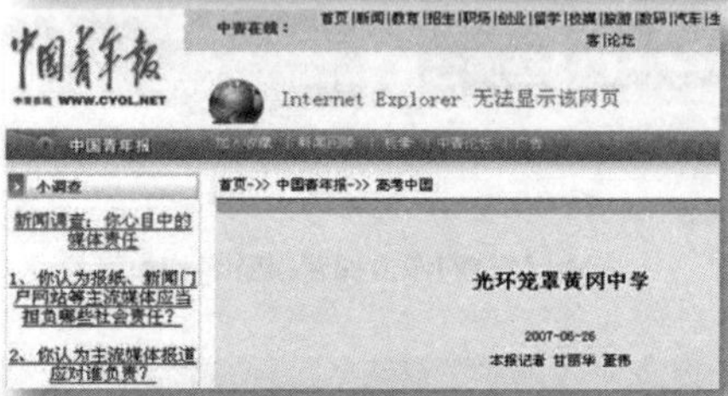

“光环笼罩黄冈中学”记者甘丽华董伟《中国青年报》 2007 年 6 月 26 日

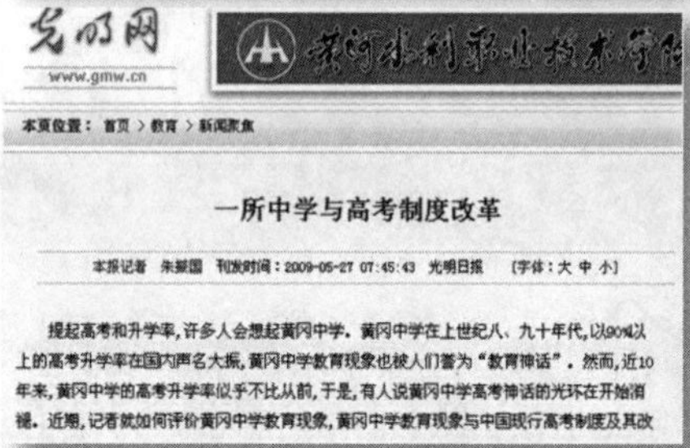

“一所中学与高考制度改革”记者朱振国《光明日报》 2009 年 5 月 27 日

黄冈优异师生做客湖南卫视《天天向上》栏目 2010 年 5 月 21 日

LIGHT THE WISDOM

目　录

“漫道此地灵人杰”——认识黄冈中学　/01

“在应试教育这个大背景下，在高考这个指挥棒的掌控下，黄冈中学一直在苦苦坚守着自己百年以来的理念与传统。宽容与自由的气息，洋溢在校园的每一个角落。”

黄冈中学学生的经验分享：一个完美的读书地方　/04

自序：好的教育就像魔方　/07

教育魔方一：鼓励学生争做第一、敢为人先　/1

在黄冈中学，我们时时都能感受到的正是学校向学子们传播希望，使无数学子有了敢为人先、勇攀高峰的远大志向和矢志不移、锲而不舍的奋斗精神。正是这种高远的志向和奋斗精神造就了黄冈中学学子的群体形象，谱写了这所学校教育的精彩华章。

“我想尽自己的能力，改变世界”/3

每一位老师都做励志大师　/7

“随着奔腾的溪流一往无前”　/10

黄冈中学名师的经验分享：我们这样激励学生　/11

黄冈中学学生的经验分享：十六岁，有些东西，注定只能留下遗憾　/15

教育魔方二：不是培养“考生”，而是培养“学生”　/17

“我们的教育，不是培养‘考生’，而是培养‘学生’；不是把课堂变为按工艺流程进行人才生产的梦工厂，而是把学生作为一个个个性鲜明的鲜活的人来造就。如果把应试教育比作笼子，那么在应试教育下的学生就是笼中之鸟。笼子里的鸟儿怎能自由地飞翔？黄冈中学没有受这个‘笼子’的限制，没有把应对考试作为教育的终极目标，老师授课也不拘泥于‘考试大纲’。黄冈中学为学生的发展提供一个更加广阔的平台，让学生的天性得到自由而充分的发展。”
“要按教育规律办事” /19
“重考不唯考” /20
砸碎牢笼，尊重个性 /21
黄冈中学学生的经验分享：关于考试 /23

教育魔方三：不按照一个模式培养学生 /27
在高考指挥棒下，黄冈中学教育不能说不应对考试，但核心理念是：以人为本，培养学生良好习惯，关注学生个性发展，为学生的终身可持续发展奠定基础。
要求学生做一个全面发展的人 /29
从黄冈到斯坦福：个性女孩传奇 /30
高考固然重要，但成才之路不止一条 /31
林强：中国第一位拿奖牌的人 /33
保护学生好奇心、偏爱“小调皮” /34
“九班”模式 /36

教育魔方四：好学生未必要听话，好老师不搞“一言堂” /39
“我们倡导学生思维具有独立性、批判性、创造性。不认为谦虚的学生才是好学生。一些学生成才的事例表明，年轻人不妨有点‘狂’，豪气干云方能干一番事业。不要横挑鼻子竖挑眼，将他们的棱角磨平，锐气销尽。在教学中，提倡营造一种返璞归真的教学艺术境界，让学生知无不言，言无不尽，不简单、轻易地否定学生的想法。即使是所谓的‘胡思乱想’，也要分析他是怎么想的，要善于发现其中合理的成分、独到的见解。”
年轻人不妨有点“狂” /41
每节课教师讲授一般不超过 25 分钟 /45
不教之教 /46

黄冈中学名师的经验分享：让学生做课堂的主人 /49
黄冈中学学生的经验分享：说说那些年教过我们的老师 /49

教育魔方五：唤起学生的求知欲望 /53
“黄冈中学追求的是一种充满诗意的教育，把握的是一个从容恬淡的过程，提倡的是春风化雨般的感化，而不是疾风暴雨式地灌输。让学生的个性和特长得到发展，而不是千人一面的雕琢。”
“我们是引导、唤起学生的求知欲望” /55
黄冈中学学生的经验分享：“讲得真精彩，像《百家讲坛》似的” /60
上好一堂课 = “演”好一堂课 /64
黄冈中学名师的经验分享：如何唤起学生的求知欲望？ /65
黄冈中学学生的经验分享：永远不强迫自己去学习 /67

教育魔方六：深信“7–1 > 7”的哲理 /71
“在现实环境下，我们重视考试，但不唯考试，办学要有社会责任感，要有良知，不能为了短期利益去牺牲学生的长远利益。我们高三毕业班星期天不补课。实际上，成天读书未必能读得好书，我们深信‘7–1 > 7’的哲理。“
成天读书未必能读得好书 /73
给学生自由支配的时间 /75
合理负担，更高质量 /77
黄冈中学学生的经验分享：轻松、快乐的中学生活 /78

教育魔方七：让老师跳入题海，让学生跳出题海 /81
“黄冈中学的口号是‘让老师跳入题海，让学生跳出题海’。如果说有‘题海战术’的话，那也是针对老师而言的。学校鼓励老师们从经验型向智慧型转变，智慧型教师突破了‘教材——教参——学生’的固定程序和模式，别具匠心地‘分解’教材，‘重组’教学内容。学校要求理科老师做‘千题集’，并增加人文素养，要求文科老师写千字文，并建议青年教师写教学反思录。”
老师不辛苦，学生才辛苦 /83

讲求精讲精练 /84
黄冈中学名师的经验分享："我看题海战术" /86
黄冈中学学生的经验分享：黄冈中学是什么样的"题海"？ /87

教育魔方八：习惯和方法比学习本身更重要 /91

"老师教给学生的就是两个词：习惯、方法。让学生养成自主学习的习惯，掌握科学的学习方法。有了这两样"'武器'，后两年的高中学习才有支撑力。"

老师教给学生的就是两个词：习惯、方法 /93
黄冈中学名师的经验分享：黄冈中学倡导学生培养什么样的习惯？ /94
自学，超前，再自学，更超前 /97
习惯+方法=快乐+成功 /98
栽一棵"知识树"，织一张"知识网" /100
颗粒归仓，能拿不丢 /101
黄冈中学名师的经验分享：学会做学习的主人 /102
黄冈中学学生的经验分享：我们这样学习 /109

教育魔方九：集体备课造就神奇教学效果 /123

黄冈中学要求老师在集体备课时精心钻研教材，认真讨论，发表真知灼见，互相学习借鉴，使集体备课的过程成为发现、创造、互相启发、集思广益的过程，避免只为统一进度，走过场。

黄冈中学讲台不好上 /125
"集体备课"为什么是法宝 /127
黄冈中学名师的经验分享：我们是这样备课的 /129
黄冈中学学生的经验分享：老师讲课特别规范 /131

教育魔方十：让每一个学生都抬起头来走路 /133

"有人说黄冈中学是中国应试教育的典范，我看不能这样说。……同时老师信奉不让一名学生掉队的原则，在通常情况下宁肯让学有余力的同学自己去学也不会一味地赶进度，所以班上不会出现有人掉在非常后面赶不上的状况，这也是黄冈中学高考升学率高的原因。不然一个正线学生不足一半的学校怎么会有百分之九十以上的高升学率呢？”
央视记者的深刻体会：爱心能创造出神话 /135
为什么有 90% 以上的高升学率？ /136
为什么十年没出状元？ /141
黄冈中学名师的经验分享：让每一个学生以成功的心态走向社会 /141
用真情培育学生 /143
黄冈中学名师的经验分享：没有交流就没有教育 /146

教育魔方十一：人格才是最高学历 /151
“如果说黄冈中学有什么成功之处，那就是她在培养大批优秀学生的同时，锻造了她的教师队伍，造就了在湖北省享有盛誉的名师。他们具有较深的科学文化素养、全新的教育理念和独到的教学风格和艺术。他们带给学生的不仅是知识和能力，还有健全的人格和良好的习惯。随风潜入夜，润物细无声。无声的行动，一件件小事，正在不断地改变着黄冈中学，不断地改变着她的学生，不断地折射出教育思想的火花。”
评价一个学生，不仅看成绩，更看为人和习惯 /153
黄冈中学名师的经验分享：凡事有度，言谈举止须得体 /157
持平常心，做普通人 /159
“教育要讲人格魅力”/161

教育魔方十二：让家长成为最好的老师 /165
黄冈中学提出家长应该培养孩子良好的心境，努力营造温馨和谐、奋发向上的家庭文化氛围，创造和保持孩子的最佳竞技状态，帮助孩子制订科学的复习计划，采取正确的复习方法，培养孩子自我教育能力。
孩子上黄冈中学，家长也上黄冈中学 /167
让成功家长的经验成为共同财富 /168
黄冈中学学生家长经验分享：我看独生子女教育 /170
黄冈中学学生家长经验分享：我们这样教育孩子 /171

黄冈中学学生经验分享：家长，请听我说 /177

附一 /179

后记 /181

参考书目 /186

LIGHT THE WISDOM

“漫道此地灵人杰”——认识黄冈中学

江水奔流，流不尽峨眉清泉，巴陵秀色，雪浪绕黄州，漫道此地灵人杰；临皋眺望，望无边蓬莱紫气，庐阜晴岚，祥云护赤壁，争传她虎踞龙盘。

——临皋亭的对联

为人师表，育李栽桃

——国务院前总理李鹏为黄冈中学题词

九十载耕耘桃李芬芳遍天下，二千年筹划英豪驰骋建神州

——著名数学家苏步青为黄冈中学题词

在应试教育这个大背景下，在高考这个指挥棒的掌控下，黄冈中学一直在苦苦坚守着自己百年以来的理念与传统。宽容与自由的气息，洋溢在校园的每一个角落。

——黄冈中学学子 朱华亲

黄冈中学没有承诺给我们每个人名校敞开的大门，然而无论你走向何方，它所灌输给你的这种精神足以支撑起你四年乃至一生的自尊与自信。

——黄冈中学学子 李蔚明

我有幸在最好的环境中，在最优秀的老师的教育下，和优秀的同学一起度过我的高中生活，在这三年里，我不知该如何评价自己最后的答卷……我拥有了最美好的回忆。

——黄冈中学学子 陈 淞

如果说高考只是一个阶段性成就的话，在人生的长跑中，黄冈中学校友的表现也是非常出色。

黄冈中学学生的经验分享

一个完美的读书地方

王崧，1990年和1991年连续两届获得国际奥林匹克数学竞赛（国际奥数）的冠军；1991年，被保送进北京大学；1996年，成功申请全额奖学金，赴美国加州理工学院攻读博士学位；2002年，到普林斯顿高等研究中心和耶鲁大学做博士后；2006年，作为中国科学院“百人计划”入选者回国。

在中学时代，我不仅自学了数学竞赛的知识，也学了不计其数的大学数学知识，我知道高等数学是个什么样子，至少我有相当的准备，而且，当时黄冈中学的传统和氛围相当不错，有各种各样的课外活动小组，从初中开始，数学、物理、化学、语文、英语等，我几乎参加了所有的课外活动小组，而且都是核心成员，当然，自学得最多的是数学，这些经历对我来说有相当的影响。

朱华亲，2001年进入黄冈中学，2004年以黄冈文科第一名的成绩考入北大。

在很多人眼中，黄冈中学就是一个神话，因为她就意味着金牌和荣誉；而在另外一些人眼中，黄冈中学就是“地狱”，学校搞的是“应试教育”，学生接受的是“魔鬼式的训练”，这样以讹传讹，媒体道听途说，使得近几年来，黄冈中学几乎陷入了某种“信任危机”。

到底什么才是真实的黄冈中学？我想，作为在黄冈中学生活学习过的我，是最有发言权的。我常常和同学们感慨，或许黄冈中学不是我们心中最完美的高中，但她绝对是现实当中最好的高中之一，这就像我现在对北京大学的感觉一样。

已经数不清黄冈中学带给我多少美好的回忆了。军训，参观军营，春游，秋游，野外考察，学生会选举，足球俱乐部杯，篮球对抗赛，运动会，文化艺术节，跳蚤市场，露天电影，校园广播，学术讲座，学科竞赛，青年志愿者活动……

有多少人能像我和我的同学一样，幸运地、真切地感受这难忘的一切呢？在应试教育这个大背景下，在高考这个指挥棒的掌控下，黄冈中学一直在苦苦坚守着自己百年以来的理念与传统。宽容与自由的气息，洋溢在校园的每一个角落。

黄冈中学理应受到关注，但任何不负责任的批评和求全责备对她来说都是不公平的。

李蔚明，2001 年进入黄冈中学，学习成绩长期稳居全校第一。2004 年毕业，考入北京大学数学系。

可以说，在中国，有很多学校有比黄冈中学更为久远的历史，有很多学校有比黄冈中学更美的校园，有很多学校有比黄冈中学更先进的设备，有很多学校有比黄冈中学更优秀的师资，而且，有很多学校有比黄冈中学更好的高考和竞赛成绩。黄冈中学并没有成就每个学生的梦想。前几届录取榜榜首的几个光辉的名字给了很多人更高的期望，也给很多人带来了他们可能本可以避免的失望和痛苦。我们在这里学到了一些文化知识，但这并非它的特别所在。从黄冈中学校门走出的每一位学生身上都留下了某种烙印，这是黄冈这一方水土特有的精神。这种勤勉、朴实，用刚强的意志抵抗任何困难，以不屈服失败的决心勇往直前的精神，来自那些以斧、锤和镰刀在这贫穷的土地上努力生存的父老乡亲身上的精神，在黄冈中学得以继承和传播。黄冈中学没有承诺给我们每个人名校敞开的大门，然而无论你走向何方，它所给你的这种精神足以支撑起你四年乃至一生的自尊与自信。

陈淞，2001 年进入黄冈中学理科实验班数学竞赛小组学习。一年后，在全国数学联赛中获得湖北省第六名，高二学生中第一名；进入全国数学冬令营，获三等奖。2003 年获全国数学联赛一等奖，保送到北京大学。

我有幸在最好的环境中，在最优秀的老师的教育下，和优秀的同学一起度过我的高中生活，在这三年里，我不知该如何评价自己最后的答卷……我拥有了最美好的回忆。

戴双凤，黄冈中学 2011 届毕业生，考入北京大学。

记得第一次见到黄冈中学，就被三栋教学楼的名字所深深打动：求真、崇德、弘毅。

求真：追求真理，求真务实。它时刻提醒着每个黄冈中学的学子要脚踏实地，追求真理，认真学习，认真做事。

崇德：知识渊博却没有道德的人才是最可怕的。崇德，它时刻提醒着每一个黄冈中学学子要尊崇道义，要培养良好的品德。

弘毅：士不可不弘毅，任重而道远。弘毅，它时刻提醒着每一个黄冈中学学子要志存高远，意志坚强。

郭春曦，黄冈中学1993届毕业生，考入北京师范大学中文系，现在广州大学附属中学任教，广东省语文学科带头人。

我在大学和参加工作时，总有人问起我高中在哪里读，我说是“黄高”的，很多人肃然起敬，不过马上会跟一句“那是应试教育的典型”，我一般会反驳“应试怎么了，应试也是一种素质。我应试，我自豪！”想一想，黄高真的不容易，一个地处偏僻、经济落后的中学，曾经缔造了全国高考名校的传奇。就以我们高三(5)文科班为例（而且文科并不是黄高的强项），汪勇获得全省文科状元，一个班几乎包揽了省文科前5名，省前50名有十多人；当时一个班任教老师中，特级教师有5人（包括后来评定的），这么强的师资可以说是独步全省乃至全国的。黄高把千千万万农村和中小城市子弟送进了国家一流乃至世界一流名校，改变了他们个人和家庭的命运，做出了十分卓越的贡献。而且，黄高实际上是非常重视素质教育的，我班的同学，除了像我这样的来自最穷农村的三五个同学外，全都是琴棋书画无所不能，各方面能力都很全面，这从工作之后的表现就看得很清晰。当时的我们，学习远远没有今天的高中生苦。

LIGHT THE WISDOM

自　序：
好的教育就像魔方

近年来的热销书《明朝那些事儿》，讲到明朝建文二年举行殿试，状元、榜眼、探花皆为江西吉安人。对此，作者“当年明月”感慨道：“头三名居然被江西吉安府包揽，让人惊叹此地的教育之发达，足以媲美今日之黄冈中学。”将黄冈中学与明朝殿试联系在一起，有点穿越时空之感，但这也足见黄冈中学的盛名。

2015年4月6日，《长江商报》发表的一篇题为“湖北黄冈中学辉煌不再，近14年来未出过省状元”的文章，引起了社会上的广泛关注与讨论。其实，自从黄冈中学开始为世人所瞩目以来，有关这所学校的争论就一直不断。在一些人眼里，黄冈中学就是一个神话，因为她意味着高升学率，意味着奥赛金牌和荣誉；而在另一些人眼里，黄冈中学就是“地狱”，学校搞的是“应试教育”，学生接受的是“魔鬼式的训练”。近年来，由于一些媒体的推波助澜，各种唱衰黄冈中学的说法不绝于耳，进而使得黄冈中学几乎陷入了某种信任危机。

“黄冈中学从未自诩为‘神坛’‘传奇’或者其他什么称号。”2010年毕业于黄冈中学的黄文杰为母校遭遇的误解深感不平，“‘高考出了几个状元’这种评价学校成功与否的标准早该被摒弃。”

媒体对黄冈中学“辉煌不再”的报道让2014年刚从该校毕业的孙思源也有些不解：“黄冈中学从来都不是一个‘传奇’，她只是一所普普通通的学校，为何要承受如此大的压力，被曝光在各种媒体的聚光灯之下？黄冈式教育并不是要让多少人考上清华北大或是成为省高考状元，而是要让所有学生学会做人、学到知识、考上理想的大学。”

黄文杰、孙思源的观点代表的是大部分黄冈中学人的心声。

作为一个黄冈籍的文化人，我一直在追寻着黄冈中学的发展轨迹，想找一本真正解读黄冈中学的书，一本真正的揭示黄冈中学教育智慧的书。这时，我看到了一本《黄冈中学“教育神话”解读》。这本书让我对黄冈中学的教育理念有了深入的了解，为我今天写这本书提供了极好的指导。我拜访了这本书的作者黄冈师范学院李金奇教授和袁小鹏教授，从多方面了解了黄冈中学的教学理念。他们鼓励我去进行更深入的挖掘。

于是，我多次走进黄冈中学，并于2010年拜访了时任校长陈鼎常。我还在网上查阅了黄冈中学前几任校长关于教育的论述，以及黄冈中学教师们的教育教学的心得，他们关于教育的哲思也让人无比激动和兴奋。

我明白了，是因为一代代黄冈中学人不懈的追求，才有了黄冈中学今日的成就。我相信，黄冈中学的老师从来没有想到过享誉全国，他们只是在努力教书育人。而且，近40年来，大家一直在接力前行，一直在对教育进行探索和思考。“让每一个学生都抬起头来走路”、“人格才是最高学历”、“好学生未必要听话，好老师不搞‘一言堂’”，这些教育智慧历久弥新，发人深省！

曾记得在恢复高考当年，这所百年老校因深受“文革”之累，全校近300名学生，只有很少人“金榜题名”。可是，仅仅经过几年的打拼，学校的高考成绩竟然走到全国前列，这可能是他们所始料未及的。黄冈中学的声名与考试有关，其次便是二十多枚国际奥赛金牌。在那个教育资源短缺的时代，绝对占优势的高考升学率，显然这是这所学校最大的荣耀。但是，如果因此就说黄冈中学是“应试教育”的典型，则显然是有失公允的，重要的是要看高升学率是如何取得的。一个很简单的逻辑是，如果黄冈中学的内涵只有应试，她绝对不可能保持几十年的持续辉煌。在黄冈中学任教近30年的数学教师王宪生老师说：“如果我们真的是死教死学，怎么可能保持那么多年的优秀？”

应试教育有弊端，它的弊端就是“纯粹以考试为目的”。但是考试是非有不可，因为考试是目前我们这个社会体现公平的一道门槛，如果没有考试的话，我们又怎么完成人才的选拔？现在看到社会上的一些过于批评考试的现象，我不禁会想：是不是考试就是恶魔，咱们就要号召学生们反叛，认为“不学习，不考试，彻底自由好”，是不是素质教育就彻底没有了任何考试？这种思想的危害也不能轻视。我觉得现在困惑我们的不是考试本身，而是我们在“应试教育”和“素质教育”的论争中摇摆，不知所措，无所适从。对于考试，我们只能说在新的历史条件下它需要更新和变革，需要更富有创造性的智慧将它完善和补充，但绝不是废除。我们缺少的是对应试教育和素质教育的融会贯通。

“如果把应试教育比作笼子，那么在应试教育下的学生就是笼中之鸟。笼子里的鸟儿怎能自由地飞翔？黄冈中学没有受这个‘笼子’的限制，没有把应对考试作为教育的终极目标，老师授课也不拘泥于‘考试大纲’。黄冈中学为学生的发展提供一个更加广阔的平台，让学生的天性得到自由而充分的发展。” 黄冈中学前任校长陈鼎常说：“我们出成果，是因为我们遵循了教育的规律。”

面对社会上的种种质疑，黄冈中学前任校长刘祥做了精彩的阐述：

我想应该从“黄高”最本质的问题开始思考，那就是什么才是“黄高”品牌的核心价值？是单纯的升学率和多少学生考上清华北大吗？肯定不是！高升学率和考入清华北大学生的数量只是整体教育质量提升后的自然结果。

“黄高”的价值，在于给千千万万的孩子提供成长的路径，通过我们的努力，使他们从稚嫩走向成熟，由低头自卑变得昂首自信。不管是帮助他们提高考试的分数，还是帮助他们提升思维创新能力；不管是帮助他们提高对于美好生活的感知能力，还是帮助他们完善自身素质和人格体系……我们努力帮助每一个学生健康成长。

“黄高”的价值，在于给千千万万的家长以明天的希望，让他们满怀期待地、放心地把孩子们送到“黄高”来。

“黄高”价值，在于传承和集中体现黄冈文脉。“黄高”建校一百多年来，历经沧桑巨变，经历文革等巨大考验和洗礼，始终薪火相传，并且创造了一个又一个奇迹。她是黄冈自古崇文重教的结晶，是740万黄冈人民的骄傲，是黄冈对外的一张闪亮名片；她让每一个身处其中的教师、学生、乃至每一个黄冈人都为之自豪。

黄冈中学的不少学生认为他们有幸进入黄冈中学，在这所学校学习生活非常快乐。更为重要的是，这所学校不仅仅自己创造了奇迹，她让无数山村里的穷孩子们从此改变了命运！

一段时间以来，人们都在关注“黄冈教育神话”，其实真正值得探讨的是在“黄冈教育神话”背后，黄冈人在教育理念、人才培养和课程教学等方面的探索实践，以及黄冈中学的办学特色及其对中国基础教育的示范性作用。在回答《光明日报》

记者的发问时，长期关注黄冈中学教育现象的黄冈师范学院李金奇、袁小鹏教授认为：黄冈中学的教育工作者本着对教育、学生和社会负责的态度，做出了比较审慎的教育抉择，既有对传统的教育理念的理性地坚持，也有适应教育变革与创新而进行的改革探索与实践。

2009年9月4日，温家宝总理在北京第三十五中听课后分析指出："要培养全面发展的优秀人才，必须树立先进的教育理念，敢于冲破传统观念的束缚，在办学体制、教学内容、教育方法、评价方式等方面进行大胆地探索和改革。"

黄冈中学作为目前中国最好的中学之一，在这方面其实已经做出了榜样。这所百年老校的教育理念与教学经验值得归纳总结和推广。正如中央教育科学研究所原所长朱小蔓教授说的那样，"黄冈教育的确值得我们去研究，其中有很多宝贵的经验可供人们思考和借鉴。"

在对黄冈中学近一年来的深入采访后，我发现黄冈中学具有和许多世界一流学校一样的优秀气质，在对黄冈中学和伊顿公学的比较研究，可以发现，两所学校在教育理念方面有许多相通之处。

当然，并不是说黄冈中学的教育已经是臻于完美的，当今中国的任何一所学校必然也只能采取一些合乎国情的做法。黄冈中学教育实践和办学模式所遭遇的困境，其实也是我国现阶段基础教育实施英才教育所遭遇的困境。这是一个事关教育和谐发展、科学发展的重大问题。

其实，好的教育就像魔方，她的实践过程既有规律可循，但又是不可复制的。我的这本书只是努力尝试提炼出黄冈中学近40年来的教育智慧。对于教育，我不是专家，我尽量克制住自己出来说话的冲动，而尽可能地使用黄冈中学老师和学生原汁原味的观点。我对我的定位是"编著者"，我只是想将他们的教育智慧和经验整理出来，由于本人才疏学浅，书中仍然会有些许不到之处，恳请读者批评指正。

LIGHT THE WISDOM

教育魔方一

鼓励学生争做第一、敢为人先

江涛伴吟唱，壮志逐征帆。

黄冈中学校歌

自信是黄高人的一种权力，没有谁能够剥夺。“黄沙百战穿金甲，不破楼兰终不还。”三年的黄高生活坚定而充实。春花烂漫没有扰乱你们的心智，冬雪纷飞没有冷却你们的热情，夏雨滂沱未能阻挡你们前进的步伐，秋风萧瑟未能暗淡你们的大风之歌。十年磨一剑，扬眉剑出鞘。精诚所至，终于金石为开。

黄冈中学前校长 陈鼎常

诸葛亮曾说：‘非学无以广才，非志无以成学。’生活没有目标，犹如没有舵手的双桅船，是盲目的。目标是导航的灯塔，是行路的指南，有了明确的目标，才会有奋斗的方向和动力。

黄冈中学前校长 刘 祥

我现在的人生梦想，就是真正做出伟大的工作。这样，将来别人评价我时就会说：‘他在数学领域做出了伟大的贡献。’

黄冈中学学子 王 崧

我需要钱，但我不想只是用钱改善物质生活，我想尽自己的能力，改变世界。

黄冈中学学子 杨诗武

学校要求教师在他的本职工作上成为一个艺术家。

——爱因斯坦

教育者应当深刻了解正在成长的人的心灵……只有在自己整个教育生涯中不断地研究学生的心理，加深自己的心理学知识，才能够成为教育工作的真正的能手。

——苏霍姆林斯基

我想尽自己的能力，改变世界

大别山麓扬子江边，有我们美丽的校园；
大别山麓扬子江边，有我们美丽的校园；
江涛伴吟唱，壮志逐征帆；
青春风采，龙腾虎跃，少年意气，指点江山。
啊，黄冈中学，我们成长的摇篮。
严谨求实，我们攀登世界高峰，团结奋进，我们创造灿烂明天
我们攀登世界高峰，世界高峰
我们创造灿烂明天，灿烂明天
青云塔下赤壁矶前，有我们美丽的校园；
青云塔下赤壁矶前，有我们美丽的校园；
桃李迎春风，松柏势参天；
学海遨游，拼搏攻关，奥林匹克，明星闪闪。
啊，黄冈中学，我们成长的摇篮。
严谨求实，我们攀登世界高峰，团结奋进，我们创造灿烂明天
我们攀登世界高峰，世界高峰
我们创造灿烂明天，灿烂明天

这是黄冈中学的校歌，校歌是学校文化的灵魂和内核，是学校精神的形象化、艺术化。从这首校歌中，我们似乎可以感受得到黄冈中学远大的志向。

拿破仑说，一个领导者就是一个有希望的经销商。没有希望就没有动力。在我们中国，“志存高远”、“天降大任”从来就人们用以激励人生的经典格言。

教育家马卡连柯认为“培养人，就是要培养他对前途的希望。教育机关如果不

能树立前途观念，就不能获得良好的工作和纪律。”著名儿童文学作家严文井读初中时，一位老师在他的作文上写过这么一句批语：“该生是未来文坛有希望的人。”当时严文井尚不知道“文坛”是何方圣地，只朦胧意识到是个“珍贵的地方”，但大受鼓舞。高士其也因小时的作文受到老师的热情赞扬而更加热爱文学。陈景润因为他的老师沈元先生在一次课上向同学描述了德国数学家哥德巴赫发现的数学难题：“自然科学的皇后是数学，数学的皇冠是数论，而哥德巴赫猜想就是皇冠上的明珠！”沈元先生鼓励说：“如果同学们有志研究数学，就该力争摘下这颗明珠！”从此，陈景润就有了采摘皇冠上的明珠的宏伟志向！

在当代中国，上大学，上一所理想的大学，是千千万万少年学子十年寒窗的现实追求；三十年来，年复一年，数百万青年学子以及由他们所牵动的数以千万计的人们，都在为圆一个上大学的梦而倾其所能，殚精竭虑。然而，在黄冈中学却能超越现实社会的这一窠臼，教育学生们把上大学看作是一种人生的奋斗和追求，而不仅只是作为一种现实的需要和目标。

2015 年 3 月 15 日，“黄高讲坛”第一讲正式开讲，黄冈中学 86 届校友、红利生活教练、美国加州积极心理学应用学院创始人和首席顾问、美国加州华裔商会 CFO 陈红利应邀作为首期主讲嘉宾，回母校给同学们作了一期主题为《追梦，用全新的姿态》的讲座。陈红利结合自己的学习以及生活体验，给同学们讲解了积极心理学的意义以及它带给我们的好处，鼓励同学们关注积极面，发现并发挥自身优势，从而增长自信，为追逐梦想奠定基础。最后陈红利介绍了设定目标的小窍门，并引导同学们写下短期目标，然后去实现它，即便遭遇失败、感到压力，也要有坚强的信念并脚踏实地去努力，这样才能成就自己的梦想。

在 2008 年高三全体学生大会上，时任黄冈中学副校长的刘祥对学生们说：“诸葛亮曾说：‘非学无以广才，非志无以成学。’生活没有目标，犹如没有舵手的双桅船，是盲目的。目标是导航的灯塔，是行路的指南，有了明确的目标，才会有奋斗的方向和动力。美国耶鲁大学的研究人员曾做过一项调查，研究人员问参与调查的学生：‘你们有人生目标吗？’只有 10% 的学生确认他们有人生目标。研究人员又问：‘如果你们有目标，那么，你们是不是把它写了下来呢？’结果只有 4% 的学生清楚地把自己的人生目标写了下来。20 年后，耶鲁大学的研究人员在世界各地追访当年参与调查的学生，他们发现，当年白纸黑字写下人生目标的那些学生，无论是事业发展还是生活水平，都远远超过了另外那些没有写下目标的同龄人。可见，人生目标的确定，对一个人的一生来说是多么重要啊！”

> **我想尽自己的能力，改变世界。**
>
> **——杨诗武**

在黄冈中学，我们时时都能感受到的正是学校向学子们传播希望，使无数学子有了敢为人先、勇攀高峰的远大志向和矢志不移、锲而不舍的奋斗精神。正是这种高远的志向和奋斗精神造就了黄冈中学学子的群体形象，谱写了这所学校教育的精彩华章。

黄冈优秀学子王崧回忆当年的经历，强调的是比赛精神。“在非数学方面，我的感觉是，做一件事情要有恒心、决心、信心、耐心和专注，从数学竞赛中可以培养专注的能力。而且，在数学竞赛中要感受到快乐，将这些东西结合在一起，就是所谓的比赛精神，要有不服输的精神，坚信自己不比任何人差，通过努力就能实现目标。”

杨诗武，曾获全国高中数学联合竞赛一等奖，中国数学奥林匹克一等奖，入选第45届IMO国家代表队，并获国际奥林匹克数学竞赛金牌，保送北京大学数学系学习，2008年在北大本科毕业后赴美国普林斯顿大学数学系深造。他在和朋友的信中谈论过金钱，他得出的结论是：**“我需要钱，但我不想只是用钱改善物质生活，我想尽自己的能力，改变世界。”**

在黄冈中学，放弃保送生资格而主动选择了参加高考的学生几乎年年都有，尽管其中也有人最终高考失利，没有实现他们自己预期的目标，但是，在中国高考这样一个大舞台上，黄冈中学的学生敢于“亮剑”试身手，展示出了英才学子的志气与豪迈，的确可贵。

卞清胜老师对《三联生活周刊》记者叙述了这样一个故事：1989年高考前，一所重点大学招生办的老师来到黄冈中学招收保送生。卞老师找到了一个黄冈市籍的学生，卞老师对他讲到这件事，一开始这位学生不作声，卞老师就劝他说，老师知道你想考华中理工大学，可是高考有风险，万一你上不了呢？结果学生被激恼了，他说：“你说我考不上，我偏要考，我还要考得更好！”后来这个学生放弃了保送上大学的资格，通过参加高考考上同济大学建筑系，现在成了万科地产知名的设计师。

龚霞玲老师也告诉我们一个类似的故事：洪六波是86届的毕业生，高中阶段在龚老师的指导下参加了全国物理竞赛，高三毕业时被保送到上海一所著名高校。但是，洪六波拒绝了学校给予的保送生资格，坚决要求参加高考。最后以绝对的高分考入北大，成为当年湖北省的理科状元。后来，他在北大本科毕业时，先后收到了十所美国大学的硕士研究生的录取通知书。

英才学子的志向与豪情，萌生于他们向困境挑战，在逆境中拼搏的过程。钟凯向人们叙述他在面临着高考和奥赛两难选择时的心境："我的决心更大，因为早在高一我和两位同学冲击生物奥赛一等奖未果时，我就曾愤懑地说：'明年我还会回来的！'下决心要为黄冈中学实现这个突破。经过一年的磨砺，我感到该是爆发的时候了。于是我提前一个月就开始准备复试。当然搞竞赛是有风险的，得不到一等奖还得参加高考。但我认为凭自己以前的基础，只要这两个月其他科目不丢得太多，即使复赛拿不到一等奖，大不了以后吃双倍的苦，把成绩赶上来应该不成问题。再说人生能有几回搏？难得有这样一个机会，为什么不搏一搏呢？"正是凭着这样的敢于拼搏、敢于胜利的气概和精神，钟凯最终获得了全国中学生生物竞赛一等奖，并入选国际生物奥赛国家集训队。钟凯是学校生物奥赛进入国家集训队的两名队员之一，他所取得的成绩，也是黄冈中学生物学科奥赛的最佳成绩。"不经历风雨，怎么见彩虹？"在竞技、挫折和拼搏之中，黄冈中学的英才少年在接受着洗礼，也在迅速地成长。

志气、志向和追求从来就是精英人才成长的前提条件，一个人如果从小就没有播下志向和追求的种子，他的一生就很可能是碌碌无为的。其实，在黄冈中学这块土壤里，每一个少年学子的心里都有一颗希望的种子，自从走进黄冈中学，这颗希望的种子生根开花，绽放出了精彩的人生。进入黄高的学生自己的期望值较高，社会、家庭对他们的期望也很大，因此他们在心理上的压力相应的大一些。应该说，正是这种来自于自身、社会和家庭的多重期待，造就了黄冈中学英才学子特定的心理氛围，成就了他们追求高远目标的心理动机。

除了有老师的激励，有人认为，黄冈中学的教育成就，还与黄冈地区的经济发展的现状，与学生的学习动力有关系。黄冈地区经济落后，人民群众生活贫困，学生期待着通过学习改变自己和家庭的命运。这些孩子尤其是来自贫困农村的孩子们，他们通常有发自内心的志向和拼搏精神作支撑。有许多学生的学习是不需要人从外部加以督促的，相反，作为学校的领导和老师们更多的是劝导他们注意劳逸结合，并采取一些措施禁止他们深夜"开夜车"。

黄冈中学前校长陈鼎常也分析指出，对于农村的学生来说，歌星、电影明星不是他们的偶像，那些最厉害的校友，才是这些学生追求的目标。

2007年黄冈市高考理科状元是黄冈中学学生李紫聿，她从小有着这样的一个志向，那就是长大了，要像“清华哥哥”一样走进清华园。紫聿爸爸一个朋友家的男孩子，就读于清华大学，李紫聿一直把他当作学习的榜样。“清华哥哥”曾笑称，如果有一天她考上清华大学，他愿意为她搬行李。这句话对紫聿是一种无形的鞭策和鼓励，更成为她学习的动力。

奥赛数学金牌获得者杨诗武是来自浠水县农村的一个孩子，他在学校的奋斗目标，就是效法他的前届校友、同样是奥赛数学金牌获得者的倪忆，希望像倪忆一样进入普林斯顿大学，倪忆就是他心目中的偶像、明星。现在，他的这一梦想实现了。如今，从北大本科毕业的他已经在普林斯顿大学数学系深造。

黄冈中学2006届学生会主席周千淇曾经写一首深情的诗赞美母校：

母校啊——
是你给了我信念，是你给了我勇气，是你给了我力量，
是你告诉我必须奋斗——只有奋斗才有希望，
是你告诉我必须前进——因为我没有理由退缩，
是你告诉我必须胜利——排除万难，去争取胜利……
是你让我无所畏惧，勇往直前！

每一位老师都做励志大师

黄铃是黄冈中学2011届毕业生，他至今仍记得参加第24届全国高中学生化学竞赛决赛前夕的一件事。时任校长刘祥百忙之中赶到厦门对他进行了一番教诲，他记得最深刻的一句话是：“黄铃啊，我相信对于这个考试你花了那么多时间，已经准备得相当充分了，而且决赛这个水平已经很高了，你考试最大的障碍无外乎两个：一是粗心，二是不够自信，有可能你的想法是对的，但是自己不相信这么简单。”这席话对了他极大鼓励，他认为他决赛取得好成绩得益于这次谈话。

有一件事虽然已经过去了很多年了，现在仍然经常被黄冈中学的师生提起。“怪才”王崧1990年曾经拿过奥赛金牌，可是，1991年在冬令营集训时马失前蹄，只拿了冬令营并列的第17名，获得二等奖，他一时感到压力挺大。正在他最困难的时候，他在一天内收到来自黄冈中学不同方面的三封信。第一封是班主任秦济臻老师的，

信不长却语重心长，还附有同学代表的劝勉和祝愿。

第二封信是当时他的数学教练陈鼎常老师写的，全信只写了一首七律诗。

年初失利在华师，
集训阳春三月时。
京华景物堪犹记，
瑞典风情谅也思。
多维世界无穷大，
二度花开尚未知。
古有寓言应记取，
能跑兔子达迟迟！

第三封信更短，一共只有16个字："尊敬师长，谦虚待人，事在人为，奋力拼搏！"这是时任校长张庭良写的。

终于，王崧又夺取了金牌！

2000届毕业生袁新意，2000年3月远去沈阳参加国家队的选拔考试。其中一次考试，总共三道题，他几乎一道题也没做出来，曾一度情绪低落。陈鼎常给他打了个安慰的电话："没有我的日子过得还好吗？"一句话就把袁新意逗笑了。接下去的几次大考均发挥正常，终于入选国家队，代表国家参加在韩国举办的第41届国际数学奥林匹克竞赛，为中国队再添一金。

在学校里陈校长的每一次讲话都是一堂成功的励志课。在2010年的高三毕业典礼上，他说："三年的高中生活，锻炼了你们，造就了你们，使你们在忙碌中找到了悠闲，在挫折后屡屡奋起；使你们面对压力而保持平静，面对挑战而处之泰然。三年的高中生活，虽然你们遇到困难也有彷徨，偶有所失也有惆怅，但是你们从比较中获得了真知，在真知中找到了自信，在自信中获得了快乐，在快乐中露出了微笑。"为了帮助同学们设立正确的目标，他还讲了两个生动的故事："你们知道吗？在国外，举行过一场有奖智力竞赛。其中有道题目：假如法国的博物馆罗浮宫发生火灾，如果只能抢救一幅画，请问，该抢救哪幅画？有人说，应该抢救达·芬奇的《蒙娜丽莎》；有人说，应该抢救凡·高的《向日葵》……最后法国作家贝尔纳获得了该项奖金。他说：我抢救离门口最近的那幅画。同样，在人生路上，我们的最佳目标，应该是最有可能实现的目标。1984 年，东京国际马拉松邀请赛，名不见经传的日本选手山田本一出人意料地夺得了冠军。十年之后，谜底揭开，他是把 40 多公里长的总目标，分解成一个一个阶段目标，竭尽全力去一一实现，最后成为黑马，获得了冠军。成功是什么？成功是通过逐步实现局部的成功，从而获得最终的成功。成功是什么？成功是发现并避开了所有的通向失败之路，最后剩下的那条路，这就是成功之路。"

如何激励学生？陈鼎常谈了自己的经验：

一是十分重视个人的价值和个性，纯真被视为可贵的品格，不拘泥于恪守"好孩子即谦虚"的信条，对学生抱有很高的期望值，无疑增加了英才不被埋没的机会；

二是适当地对学生进行"挫折教育"，正确对待暂时的曲折和困难，要求他们不自暴自弃，养成情绪稳定、临变不惊、意志坚定的品格。

2004 届毕业生张超对他的数学老师肖平安的印象是"从来都是那么有信心。面对越来越严峻的竞赛形势还有强大的竞争对手，他不但对自己很有信心，也把这种信心传递给我们。记得他常对我说的是，要我更'霸气'些，也就是要更有自信些，能够在战略上藐视对手，更轻松地看待问题，从而采取灵活的方法解决问题。"

龚霞玲老师是黄冈中学物理奥赛教练，她坚决反对那种以知识教育为主导的教学理念。她说，学生在基础教育阶段学习获得的一些知识，有许多其实与他们今后的生活、事业的发展并没有太大的关联；重要的是在这个过程中培养他们认识事物、获取知识的方法，包括思维方法和学习的方法等等，特别是要通过这样的知识训练，去培养他们的心智、毅力与情感。

龚老师十分注重培养学生高远的志向和敢于竞争、敢于拼搏的精神，她就鼓励学生要有争做第一、敢为人先的豪气和豪情。她说："有一年我去南方一所中学访问，他们的物理训练老师有一句话震撼了我，即'争做世界第一'。我觉得这个口号很好。人就是要有一种'敢为人先'的精神，有了这种精神和追求，他才能心怀理想，克难奋进。我有个学生王星泽，这个孩子我很欣赏他，他人品特别好！学习非常努力，勇敢地做自己的事。他在国际奥赛里也是前三名。'强者相争勇者胜'，在他身上能够看到那种有目的、有追求，敢为人先的精神。"有一次，王星泽要到武汉去参加竞赛，临行前他带上了满满的两个纸箱的书。他的竞赛指导教师龚霞玲问他这是为什么，他说，他根本没有打算再回来。意思是对于这次竞赛他有必胜的信心，参加完这次竞赛之后，他将继续进入更高一级的竞赛训练。面对着这位踌躇满志的少年，作为指导教师的龚霞玲只说了一句：“好吧！”

龚霞玲老师还讲了另一个学生的故事。李俊是2000届九班的毕业生，高考结束之后他问龚老师：“老师，高考物理有没有满分？”老师回答说：“有啊！”于是，他非常自信地说：“那我就是满分。”后来，考分公布时，他的物理果然是满分。李俊后来在完成硕士研究生学业之后，曾接到了斯坦福和哈佛两所大学博士研究生的录取通知。在黄冈中学老师们的眼里，他们的学生一个个都是那样的志向远大、意气风发。

“随着奔腾的溪流一往无前”

在黄冈中学，同学之间的相互学习、竞争和激励更是一副生龙活虎的场面。

朱华亲向人们谈起了他在高中三年级的时候看过的一本书，他说：“班上的一本《萌芽》杂志无意之间传到我的手中，第一篇文章已经被翻得有些破旧，上面甚至还有人留下字迹，其中有一句用铅笔写的话让我印象最深刻：一定要杀进北大！！那篇文章就是职烨的《花开不败》。我想，每个读过它的高三学生，都会感动的，都会在自己的心里升起哪怕是一线希望。我一口气读了两遍，久久不能平静。”《花开不败》讲述的是主人公为了考进复旦大学，实现心中的理想而顽强拼搏的故事。一本已经被翻阅破旧的书，一个激励人生的故事，一段用铅笔写下的感言，就这样在班级同学中传递着。在这个过程中，我们没有看到通常意义上的“教育”活动，但是，又有谁能说这不是教育呢？

令周朗始终不能忘怀的，则是他同一年级里不可战胜的第一名。他在文中说：“讲到这里我要提到一个人——李蔚明。她的学习非常好，在高三以前所有的期中期末考试中，年级第一名必然是她。结果在我们班养成了一个习惯，每次考试成绩出来以后，我们都是问年级第二名是谁，因为第一名非她莫属。在相当长的一段时间里，她在我们年级学生中是不可战胜的。正因为如此，年级第二成为我们的竞争目标。”不可战胜和超越的也许只是一个传奇；但是，这个传奇人物的意义在于，她为同年级的英才学子树立起了一个竞争和赶超的目标。

周琦凯记叙了自己所在的班级经过一次期中考试后的情形：“这次‘阅兵’后，许多暂时落后的同学意识到了问题的严重性，立马戒掉先前的不良习惯，如上课时吃东西、打瞌睡，空余时间打电脑游戏等。顿时，班上出现了一番大伙儿齐心向学、你追我赶的大好景象。我置身其中，宛如一朵浪花，随着奔腾的溪流一往无前奔向大海，虽渺小，却感荣幸和自豪。”从中可以感受得到的是一群优秀学生追求卓越的竞争精神。

就是在黄冈中学这种特殊的教育环境与氛围中，学生们的智慧得到了超常激发，他们的心理品质和精神世界也得到了历练和升华。

黄冈中学名师的经验分享

我们这样激励学生

为什么在黄冈中学的学生中自信和拼搏的精神那么突出？他们的老师积极激励起到了十分重要的作用。下面是一些比较精彩的讲话内容节选。

自信是黄高人的一种权力

——陈鼎常讲话节选

……篮球运动是一项集体运动，是力量的角逐，健美的展示，智慧的较量。篮球运动练就了人们战胜困难的毅力，激发了人们挑战极限的潜能，培养人们不畏难险的勇气。今天我们在篮球赛场上拼搏，明天我们将在社会的大潮中冲浪！篮球运动给人们带来激情与智慧，凝聚干事创业的精神和力量……

……春天来了，人们用“青春”二字来形容风华正茂的青少年，谓之曰：人生之初、人生之春、人生之华。正处于青春期的你们，有的同学具有组织管理才能，在同学们中有影响、有号召力；有的同学以诚待人，乐于助人，富有亲和力；有的同学学海泛舟，勇攀高峰，成绩优秀，值得效仿；有的同学风趣幽默，多才多艺，素质全面，令人刮目相看。对于你们这些个性鲜明、特长突出的学生，我还有哪些建议呢？

挑战自我，实现跨越。

事实证明：人生不可能一帆风顺，会遇到各种机遇，也会面临各种挑战。

“会当凌绝顶，一览众山小”是青年诗人杜甫的胸襟；

“驾长车，踏破贺兰山阙”是民族英雄岳飞的誓言；

“破釜沉舟”，“卧薪尝胆”是古代政治家、军事家们的抉择；

“中国有我，亚洲有我，世界有我”是今天体育明星的挑战。

天将降大任于你，先要考验你的意志，看你是否承担得起。挑战自我是前进的动力，向上的阶梯。大家知道，《一片假树叶》的故事，其实，真正有生命力的不只是树叶，而是人的信念。当你选择了挑战，你就向超越迈开了第一步。挑战，曾鼓励多少黄冈中学才子才女飞扬青春，完善自我，实现跨越！高三（9）班郭冰格格就是其中的代表。她是黄冈中学乃至湖北省唯一入选生物奥赛国家集训队的女生。我们学习郭冰格格，她不仅知识面宽、实验能力强，更值得学习的是她远大的志向，顽强的意志，挑战自我、永不言弃的精神……

……自信是黄高人的一种权力，没有谁能够剥夺。“黄沙百战穿金甲，不破楼兰终不还。”三年的黄高生活坚定而充实。春花烂漫没有扰乱你们的心智，冬雪纷飞没有冷却你们的热情，夏雨滂沱未能阻挡你们前进的步伐，秋风萧瑟未能暗淡你们的大风之歌。十年磨一剑，扬眉剑出鞘。精诚所至，终于金石为开……

……每只蝴蝶都是一朵花的轮回，让人深知阵痛过后的美丽；每只山鹰的前方都是无尽的苍穹，让人惊羡搏击长空的壮丽；每个梦想都是风雨过后的彩虹，让人感悟梦想成真的喜悦……

要胸怀博大，视野开阔
——黄冈中学前校长刘祥讲话节选

第一，要敢于直面压力与挫折

世界飞速发展，竞争无处不在。只要有竞争就会有压力，只要有追求就会有挫折，任何人、任何时候都无法逃避，必须勇敢面对。诚然，面临压力和挫折时，我们是非常痛苦的，然而这种痛苦也许是我们成长过程中必须经历的。有一个大家耳熟能详的故事，说是草地上有一只茧，被一个小孩发现并带回了家。过了几天，茧上出现了一个小裂缝，里面的蛹挣扎了好长时间，身子似乎被卡住了，一直出不来。天真的孩子看到蛹痛苦挣扎的样子，十分不忍，于是，他便拿起剪刀把茧剪开，帮蛹破茧而出，希望它变成一只美丽的蝴蝶。可是，由于这只蝴蝶的蛹没有经过出茧时必须经过的痛苦挣扎，以致出茧后身躯臃肿，翅膀干瘪，根本飞不起来，不久就死去了。蝴蝶的成长如此，人的成长也是如此，正如古人所说：“自古英雄多磨难，从来纨绔少伟男。”

同学们，雄鹰翱翔于天际，是因为它俯瞰大地，敢于搏击风雨；蛟尤畅游于水底，是因为它仰观水面，不惧弱肉强食。我们也要直面人生，敢于在压力中奋斗，在挫折中成长。

第二，要胸怀博大，视野开阔

古今之成大事业者，皆为胸怀博大、视野开阔之人。

胸怀宽广的人，才能不贪小利，不图小义，不为私欲所困；才能遇到急事不急躁，遇到大事不糊涂，遇到难事不慌张，勇敢面对困难和挫折，迎接挑战。如果闻忧则惧、闻喜则狂、闻乱则躁，既无韧性，也无定力，更无气魄，很难想象这样的人能够成大事。

视野开阔的人，以千载历史为鉴，以万里视野为垠，方能把世界看得真，把事物看得透，才能不患得患失；方能站得更高，方能看得更远，才能真正做到高屋建瓴、才智过人。

博大的胸怀，开阔的视野，反映的是一个人的品性修养，体现的是一个人的人格魅力。我们要努力加强学习，不断提升修养，直面压力与挫折，包容他人，做一个胸怀博大、视野开阔的时代青年。

优化情绪，走向成功

——黄冈中学前副校长黄治民讲话节选

积极、乐观、稳定的情绪有利于取得好的高考成绩，消极、悲观、急躁的情绪会影响高考的成绩。调整好情绪是高考心态调节的重要环节。怎样较好地调整情绪呢？我们建议大家做到以下几点：

一、合理期望，减轻压力

合理的期望将成为学习的动力，过高的期望会成为学习的压力。考前心态的调整，就要求同学们设置合理的期望，减轻心理压力。如何设置合理期望呢？主要是根据自己的实际水平，适当提高要求，将期望控制在“跳一跳，够得着”的范围内。尤其是要遵循最近发展区的规律，设置通过自己的努力便可达到的目标和期望。目标和期望的设置不能脱离实际，过高的目标和期望会出现有成就而没有成就感、已经很优秀但总不满足的情况，从而进一步加重心理负担，影响取得好的成绩。

二、正确评价，树立自信

建议大家做到以下几点：一是运用正向语言进行积极的自我暗示。如："我已经尽力了，成绩好坏不太重要"；"我知道我能应付这个考试"；"他是很不错，可我也有进步，我也很不错"；"一个人的成功不一定在起点，关键在终点"等等。二是相信自己的潜能。"天生我材必有用，别的同学行我也行"；"只要努力，方法得当，自己成绩也能提高。"

消除焦虑情绪，从容应对高考
——黄冈中学教师周本权讲话节选

随着高考的日益临近，少数学生的心情也愈显焦虑和烦躁。如果不注意调整，会影响高考取得理想的成绩。

信念是指人对刺激事件的看法、解释和评价等。信念有合理不合理之分，从而使人产生截然不同的行为反应。

心态稳定的考生有着合理的考试信念："考试只是对自己平日学习的检阅"，"是显露自己才智的机会"。这类信念使考生充满信心地备考、应考，轻松地过关夺隘，取得好的考试成绩。

焦虑烦躁的考生往往带有不合理信念：1.要求绝对化。如认为"我必须考好"、"我应该进入前三名"等。岂不知考试的偶然性很大，不可能有常胜将军。2."过分概括化"。由个别的前提，得出普遍的结论。如近来某次或某科考试不理想，就自卑自弃，认为"自己一无是处"，忽视了自己的优点和长处。3."全盘否定"。因为平时某学科成绩不好，由此对高考失去信心。其实，正常发挥，加上积极的备考复习，平时弱势科目完全可能考出高分(有很多这样的事例)。高考中杀出黑马的现象屡见不鲜。

正是一些不合理的信念使考生被动地忙于应付考试，其结果不是过度紧张、频频失误，就是情绪低落、不考自败。

考试焦虑并没有那么可怕。只要建立合理的信念，保持一颗"平常心"，正确对待考试，就能迈出考试成功的第一步。考生可根据以往失败的教训和成功的经验总结归纳出合理的信念。

建议考生注意以下几点：

1. 充满自信而不自卑。 2. 满怀希望而不奢望。
3. 应对挑战而心态平和。 4. 面临变化而处变不惊。
5. 饮食清淡而不油腻。 6. 出行从容而不忙乱。
7. 参加运动而不剧烈。 8. 适当休息而不过头。
9. 积极交流而不冲动。 10. 欣赏音乐而不过度。

黄冈中学学生的经验分享

十六岁，有些东西，注定只能留下遗憾

朱华亲，2001年进入黄冈中学，2004年以黄冈文科第一名的成绩考入北大。

一次又一次的考试，数理化全军覆没；一次又一次，任课老师露出失望无奈的神情；一次又一次，新换的数学老师信誓旦旦，最后迎来相同的命运。到了下学期，对于我来说，上物理课已经变成了一种折磨。我忐忑不安地等待着它的来临，又迫不及待地渴望它早点结束。在我的脑海里，物理公式仅仅意味着字母和符号，我已经失去了学习物理最基本的思维和兴趣。物理课的陈老师却仍然苦口婆心地教导着，每次见到我，总会问一下最近的学习情况，并鼓励我相信自己，不要退却。而我却无法让自己振作起来。那段日子变得越来越黑暗，我怕上课，怕考试，怕遇见老师。逆水行舟，不进则退。我终于越退越远了。特别当听说高二要分科时，我已决定放弃。陈老师还是苦口婆心，一次又一次地在路上叫住我询问，鼓励我，而我已经麻木了。到了最后，发展到上物理课时我看历史课本，我仅仅想选择一种方式逃避。陈老师发现了，他的脸上写满了失望，但他没有表现出很生气，反而很平静地说："即使是读文科，学一下物理，对将来生活总是有好处的……"我很愧疚，很难过，我对不起眼前这位一直关心着、鼓励着我的老师，但我没有办法，十六岁，有些东西，注定只能留下遗憾。

LIGHT THE WISDOM

教育魔方二

不是培养“考生”，而是培养“学生”

黄冈中学的教育，不是培养“考生”，而是培养“学生”；不是把课堂变为按工艺流程进行人才生产的梦工厂，而是把学生作为一个个个性鲜明的鲜活的人来造就。如果把应试教育比作笼子，那么在应试教育下的学生就是笼中之鸟。笼子里的鸟儿怎能自由地飞翔？黄冈中学没有受这个“笼子”的限制，没有把应对考试作为教育的终极目标，老师授课也不拘泥于“考试大纲”。黄冈中学为学生的发展提供一个更加广阔的平台，让学生的天性得到自由而充分的发展。

黄冈中学前校长陈鼎常

我们不是那种唯“学习”而学习，凡是与考试无关的课程和活动一律取消的学校；我们也不是那种唯“素质”而素质，早晚自习非常自由、课外活动非常泛滥的学校。我们按教学规律办事：全面开课，音乐、美术、体育、微机，一门不缺；我们有藏书丰富的图书馆；我们有功能齐全、设施完备的实验室；我们有丰富多彩的课余生活——运动会、文化艺术节、话剧表演、辩论赛、英语演讲比赛、跳蚤书市等等。黄冈中学既重视高考，也重视学生综合素质的培养。把学生培养成“德才兼备，素质全面的新型人才”素来是我们黄冈中学人奋斗的目标。

黄冈中学前校长刘祥

学校所能做或需要做的一切，就是培养学生思维的能力。

——杜威

完善的教育可能使人类身体的、智力的和道德的力量得到广泛的发挥。

——乌申斯基

“要按教育规律办事”

重视考试是中国教育的一大传统，也是一大特色。金榜题名，是千古俊才的梦想；就读名校，是莘莘学子的心愿。在今天的中国，高考是牵动着亿万人的心。一考定终身有其局限性，但到目前为止，人们还没有找到一种比考试更公平更便捷的人才选拔方式。再加上受文化背景、用人机制、就业形势的影响和制约，以选拔人才为目的的高考强化了它的功利色彩。那么，曾经创造过当代中国高考奇迹的黄冈中学是如何看待考试的呢？

黄冈中学的高考奇迹始于20世纪70年代末期。1977年，黄冈中学在全地区招收了100多名学生，从里面选了23名好苗子，二年高中课程一年全部学完，提前准备高考。结果1979年高考，这23名学生中13人进入清华、北大和科大，最差的也是武汉大学和华中理工大学。而全校则有107人上线，并囊括了湖北省理科前三名，全省排名第一。1980年，黄冈中学再接再厉，又取得了全省第一名的好成绩。“黄冈神话”不胫而走。

应该说，当时的黄冈中学创造的奇迹有一种应试教育的痕迹。所幸，他们及时进行了调整。张庭良任校长后决定“要按教育规律办事”。高中年级不再搞重点班，中考进来的学生完全“平行分班”，保证让每个班级的素质相当，以公平的起点开始班级竞争。并且不办补习班，不办复读班。如此重大调整，并没有使黄冈中学的高考升学率下降，反而持续创造辉煌。1986年黄冈中学高考升学309人，升学率为91.4%，600分以上高分者达30人，占全省1/9，且囊括理科一、二名，文科第一名。而且，黄冈中学开始了其在国际奥林匹克竞赛上夺金摘银的历程，从而使黄冈中学的声望上升到了一个高点。湖北省教育研究机构对其进行调研后，将其定义为“中国普通中学的一面旗帜”。

黄冈中学在高考和国际奥赛上的佳绩仍在续写，同时，其教育理念也发生了深刻变化。“要按教育规律办学”，重视考试而又不是“唯考试论者”，这一华丽转身影响深远。

“重考不唯考”

问：关于黄冈中学的讨论很多，有人说黄冈中学只重视高考，不注重综合素质培养。这种说法准确吗？

答：黄冈中学虽然地处乡镇，但这并不妨碍我们成为理念先进的示范学校。我们吸收了农村中学和城市中学的长处。我们不是那种唯“学习”而学习，凡是与考试无关的课程和活动一律取消的学校；我们也不是那种唯“素质”而素质，早晚自习非常自由、课外活动非常泛滥的学校。我们按教学规律办事：全面开课，音乐、美术、体育、微机，一门不缺；我们有藏书丰富的图书馆；我们有功能齐全、设施完备的实验室；我们有丰富多彩的课余生活——运动会、文化艺术节、话剧表演、辩论赛、英语演讲比赛、跳蚤书市等。黄冈中学既重视高考，也重视学生综合素质的培养。把学生培养成“德才兼备，素质全面的新型人才”素来是我们黄冈中学人奋斗的目标。

上面是黄冈中学前校长刘祥面对家长质疑时的一段精彩阐述。

在全国基础教育黄冈论坛开幕式上，黄冈中学时任校长陈鼎常用一段理性的语言，表明了黄冈中学的高考理念。他说：“面对今日的高考，黄冈中学如何应对？诚然，我们关注考试、研究考试，并且务求使之做到精致和谐、务实高效。但是我们不是唯考试论者。**黄冈中学的教育，不是培养‘考生’，而是培养‘学生’；不是把课堂变为按工艺流程进行人才生产的梦工厂，而是把学生作为一个个个性鲜明的鲜活的人来造就。**如果把应试教育比作笼子，那么在应试教育下的学生就是笼中之鸟。笼子里的鸟儿怎能自由地飞翔？黄冈中学没有受这个‘笼子’的限制，没有把应对考试作为教育的终极目标，老师授课也不拘泥于‘考试大纲’。黄冈中学为学生的发展提供一个更加广阔的平台，让学生的天性得到自由而充分的发展。”“考生”是以“学会”为目的的寻找已知世界的现成答案者，“学生”是以“学会”为手段的探索求知世界的未知答案者。一字之差，千里之遥。培养“考生”，还是培养“学生”是应试教育和素质教育的本质区别。“重考不唯考”和“培养学生，不制造‘考生’”，可以说是黄冈中学人关于学校高考理念的高度概括。

刘折谷老师用“和谐”来描述自己工作了五年的这所学校。“黄冈中学关注考试，研究考试，但不唯考试；有指标，但不压指标；有比较，但不盲目攀比；关注结果，更看过程。正是因为没有把应对考试作为教育的终极目标，不一味关注学生的分数，教师能够注重学生的全面发展，着眼于学生的终身发展，使他们成材，更成人，师生关系也比较和谐。”

什么是“重考不唯考”？

普通高中教育担负着为高等教育培养和输送人才的任务，高考是检验一所学校完成这一任务的一个标尺；同时，高考也是当今社会以及在校学生及其家长对于学校评价的一个尺度。任何一所学校都不可能不关注、不重视学校的高考情况，黄冈中学也不例外。但是，重视高考不等于说学校教育把眼光仅仅盯在高考上，学校教育还是要从那些最基本的教育教学规律入手。

“重考不唯考”是黄冈中学应对高考的科学的认识论和方法论。首先，它确立了学校科学的高考理念，即要重视高考，但又不能把高考神化、绝对化，不能搞考试至上。黄冈中学前校长汪立丰提到，对于一所学校的办学，社会、政府以及教育专家评价认识的角度并不完全一致。这种认识和评价的多视角，从本质上反映了学校教育价值的多元化。在当今社会形势下，一所学校特别是高中如果不抓高考当然不行，但如果只抓高考那也绝对不行。学校还是要全面贯彻教育方针，在教育、培养人的问题上下功夫。其次，它确立了实现高考目标追求的正确路径，这就是上文所说的不是把眼光仅仅只是盯在高考的技术操作层面上，而是要从学校教育的基础工作和常规环节入手。

2010 年，黄冈中学时任党委副书记、纪委书记的黄治民介绍，黄冈中学的老师研究考试，但是从来不猜题押题，而是扎扎实实教学。有一年高考，有道物理实验，不在《高考考试说明》之内，但是教学大纲上要求教学，黄冈中学的老师还是按照教学大纲要求复习了，结果那年的高考就考了这个实验。

砸碎牢笼，尊重个性

为了阐释学校教育不是培养“考生”，而是培养“学生”的理念，陈鼎常校长提出了两个原则：第一，是砸碎牢笼，第二是尊重个性。所谓砸碎牢笼，就是说学校的教育教学活动不是在应试教育观念的主导下运行，而是遵循教学活动和学生成长的规律；至于尊重个性，最重要的是要为具有不同兴趣爱好的学生提供一个适当的学习环境。按照陈鼎常校长的解释，那就是黄冈中学没有受（应试）这个“笼子”的限制，没有把应对考试作为教育的终极目标，老师授课也不拘泥于“考试大纲”。黄冈中学为学生的发展提供一个更加广阔的平台，让学生的天性得到自由而充分的发展。

陈鼎常在2006年接受《中国教育报》采访时也对中学生提出忠告:“我不赞成中学生读书围绕考试转，考什么就读什么，只读跟考试有关的书。事实上，中学生应该广泛涉猎各方面书刊。对于中学生来说，博览群书可以开阔眼界、丰富知识、训练思维、调整心灵，以至形成性格。英国著名哲学家培根说，‘读书足以怡情，足以博彩，足以长才’，‘读史使人明智，读诗使人灵秀，数学使人周密，科学使人深刻，伦理学使人庄重，逻辑修辞之学使人善辩:凡有所学，皆成性格’。许多事例证明，只读与考试有关的书籍未必就考得好。”

考试成绩好的学生，往往是那些知识面宽、理解深刻、运用灵活的学生。

——陈鼎常

为了突破应试教育的樊笼，黄冈中学按照“培养学生”的教育理念进行过一些实践探索。在20世纪90年代，黄冈中学就曾探索过语文教学改革。当时的教学改革有比较自觉的思想理念上的指导，也有在教学内容、教学方法上进行的一些新的探索。在与黄冈中学老师们的交谈中我们了解到，近年来，黄冈中学为了创设一个适合学生成长的教学环境，在课堂教学、课外活动、校园文化建设方面做出了一些努力，也取得了相应的成效。但是，事实上，在我国现阶段基础教育的大背景下，中学教育要想真正按照“培养学生”的教育理念去实践很不容易。它不仅需要教育工作者自身转变思想，升华认识，更需要挑战世俗的胆识和勇气。陈鼎常校长在评价黄冈中学的教育教学实践活动时说:“我们只能在中国现实之下，努力做得更好更完美一点。”在应试教育主导下，单凭一所学校是很难真正形成一个适应学生成长的教育教学环境的，黄冈中学同样不例外。因此，我们以为，黄冈中学提出的“培养学生”教育理念，既是一种教育理想，也是一种关于学校教育的价值追求。

正是因为学校“重考不唯考”的理念，黄冈中学的学生有从容淡定应对考试的态度。黄冈中学副校长刘祥讲了两个事例。95届高三(3)班有一位叫朱永琼的女同学，刘祥是她的物理老师。她年龄偏小，成绩不怎么好，特别是物理成绩一直很不理想，但她一直很努力。考试常常不及格，但她从来不特别在乎分数，每次考试试卷发下来，她总是忙着改错题，不懂的就问老师、问同学。到了高三下学期，老师和同学们都感觉她突然水平大长，1995年高考物理试题还比较难，她考了118分，总分也远远超过了重点线，被当时很火的中南财经大学即现在的中南财经政法大学录取了。07届高三（10）的李紫聿同学，初中时就立志考北大，高一时在（9）班，参加物理竞赛训练，刘祥带她的物理课，高二调整时她到了（10）班，她的成绩很好但又不是很突出，高三时通常排到年级50名左右，最低时排到年级70多名，只有一次考试进入过年级前十名。她最大的特点就是脸上始终洋溢着笑容。她的母亲是实验中学的一位老师，身患癌症多年，2007年高考前因为母亲要做手术她才知道，她的情绪大家可想而知。所有老师都担心她会扛不住。有一次刘祥在老校区办公楼前遇到她，就问她：怎么样？她笑着说：我在慢慢调整。2007年高考，她取得了673分、名列全校第一的好成绩，被北大生物系录取。

有这么一个事例。1979年6月份中国政府派一个教育代表团到美国考察初级教育，回国以后，代表团写了一个调查报告，其中谈到美国小学二年级的学生加减乘除还在掰指头，他们轻视物理、化学，美国的初级教育已经病入膏肓，再过20年中国的科技和文化必将赶上和超过这个所谓的“超级大国”。就在同一年，作为互访，美国也派出了一个考察团到中国，他们考察了北京、上海、西安等地几所学校，回国以后也写了一份考察报告，谈到中国的小学生上课时喜欢把手端在胸前，老师发问则举起右手，中国的学生喜欢早起，7点种以前在大街上见到最多的是学生，在中国把考试分数最高的学生视为最优秀的学生，他们在学习结束时一般会得到一份证书。在报告的结论部分做出了这样的预言，中国的学生是世界上最勤奋的学生，他们的学习成绩和世界上任何一个国家的同年级学生比较都是最好的，再过20年中国的教育必将把美国远远地甩在后面，美国代表团的结论和中国代表团的结论是一致的。现在30年过去了，美国所谓“病入膏肓”的教育培养出了40多位诺贝尔奖获得者、200多位知识型的富翁，而中国还没有培养出这样的创新型人才，这说明了什么问题？就是不同的教育理念会产生不同的教育效果。中国要成为创新型国家，就必须从根本上改变一代人的以考为本的学习方法和思维方式，必须注重培养学生的创造能力、发现问题的能力，从根本上改变人才的素质。黄冈中学的探索值得学习。

黄冈中学学生的经验分享

关于考试

林莉，黄冈中学87届校友，大学就读于上海交通大学，现为浙江教育学院学者

出差回来，拿到《南方周末》，入眼就是《一个高考“强县”的养成》，对前不久湖北钟祥的群体作弊和围攻监考老师事件的调查。果不其然，我又看到这样一段话："位于江汉平原的小城钟祥是国家历史文化名城，而另一张令当地人感到骄傲的名片则是发达的应试教育。和此前名噪一时的黄冈中学一样，每年都有大量的考生通过'题海战术'走向全国各地的高校……"

一时颇有些愤愤。

作为一个教育圈内人，我常常会遇到的一个尴尬场景是，在批判应试教育之余，常会有人向我求证，黄高的作业很多吧？考试很多吧？睡得很晚吧？没有音体美课吧？我的答案当然是"不"。可我是一个不太有个性、不善口头表达、没有任何才艺、身体协调奇差的人，除了在各种考试中取得不差的成绩之外，就会写些八股文章，此外一无是处，似乎正合了人们对"应试教育成品"的定义，于是我的回答就像是防卫性的自我辩论，十分地无力。我不太情愿告诉别人我是黄高人，是因为我这个蹩脚的作品，似乎只会加深世人对黄高的误解。职业习惯使然，我私下也曾考证，黄高何以成为应试教育的代名词呢？（虽然何为"应试教育"，细考起来颇说不清。）

我记得最早是我的一个校友，网名西门吹雪的，在某个论坛上称黄高是考试地狱，然后就有了《南方周末》的专访。我已记不起全文，但依稀记得它的结论：黄高不过是中国普通高中教育的一个缩影，她既不是唯一的，也不是最惨烈的。我以为这个结论尚算公允。

在我自己，我从来不觉得我在黄高受的教育就是为着考试。

我记得入学的第一周，学校让我们读的一篇文章，讲的好像是蔷薇和牡丹的故事，生长在山谷里的野花以为自己是世界上最漂亮的花朵，直到它有一天看见牡丹，她们之间的对话，有着极强的暗示性，对当时我们很多从下面农村学校考入黄高的学生来说，无疑是很好的心理疏导。

我记得第一次听到老师全英文讲课的激动和紧张，我们的第二任英语老师是湖大刚毕业的美女，时髦靓丽，让我们读中英文对照小说，我还记得读过《黛西蕾日记》、《黑色郁金香》。我们的数学老师总能极轻松地把像我这样资质普通的学生看来无从下手的题目，用极简单、极明白的方法解出来；总像和下课铃合谋好了一样，在铃声响起的那一瞬间，极潇洒地扔下粉笔宣布下课；我至今仍记得某个停电的夜晚，他一边抱怨现在的学生一届不如一届，一边诉说等我们毕业了他会很想念我们的情景；记得他说他拉二胡时会忍不住想弓弦在二胡胡身构成的坐标轴里如何用数学方程式表示。我从未见过比他对学科更有热忱的老师。

我记得校办工厂里的劳动，好像是做蜡模。工房里有着黄晕的灯光；我记得五四青年节的篝火晚会，男生女生们围成圈跳交谊舞；我记得元旦晚会上，很严肃的物理老师出了一个弱智的谜语（太阳和月亮相会的那一天）；我记得因前一届上北大的罗同学建议，在我们高三的那一年，校长给我们年级开了音乐鉴赏课，我们听《天鹅湖》、听《渔光曲》；年级运动会上物理组的老师竟然赢了体育组的老师（忘了是什么项目了）……

我记得每天的新闻联播时间，记得每周的教歌时间、读报时间（方同学曾把“兢兢业业”读成了“克克业业”，哈哈，然后他马上意识到，自己改过来，不过全班都笑翻了）；记得被我们私底下称作“摩尔“的班主任化学老师一脸不赞同却又忍耐地听我们做着鬼脸大声唱《童年》；记得常常表扬我、对我像女儿一样关爱有加的语文老师。

我记得高二学期结束前，一位高三本已保送的学生（因谈恋爱？抄袭？还是偷东西？记不清了）被处分，取消保送资格。我现在对这件事有一些另外的看法，我理解有些事未必像表面那样，可能会有具体背景和前因后果，不能据此就判定一个人的品性或其他，但我赞赏黄高教育对她所不认可行为的态度和处置方法：决不宽容、决不姑息、决不妥协。

没有大城市的见识、丰富的教育资源和足够的平台，校长老师们没有系统培训，黄高的教育自然有着她不可避免的局限性。好吧，如果这就是应试教育，我觉得这也是有操守的应试教育！

值得一提的是，黄高的管理某种意义上又是宽松的，我记得很长一段时间，我才适应没有人像初中那样一天到晚盯着我、管着我的学习生活。大概正是这样宽松，所以 26 年后我们惊讶地发现一群前理科男，除了是各自领域的精英外，竟然在微群上将诗赋应和作为工作之余的调剂；高管和教授们极具娱乐精神地把方言配音和各种“搞怪”事业开展得如火如荼。我得说，我喜欢记忆里的黄高和眼前这样鲜活恣意的同学！

李蔚明，2001 年进入黄冈中学，学习成绩长期稳居全校第一。2004 年毕业，考入北京大学数学系。

分数当然很重要。虽然当下不少高校正开始尝试不拘一格选拔人才，然而对于大多数高中生而言，决定他们命运的仍是高考的分数。在印象中，高中每一次小测验的分数都被不少人热切地关注；不少人为提高一分两分，而抱着能在考试中碰到原题的侥幸心理整本整本地做各类模拟试卷；不少人为全力应付考试而放弃了坚持多年的兴趣爱好；不少人为迎合改卷老师的胃口而放弃自己的思考和风格，或听凭自己的思维被参考书的标准答案同化。让我极其惭愧和后悔的是这不少人中常常包括我自己。当时极流行的思潮认为，进入不同的大学就好像进入了不同的锻轧工厂，决定着你最终会成为怎样的人。于是也就有了决定命运的关键的一两分之说，等等。

以自己在北大的感受，当时未免将学校的作用过分夸大了。一所好的高校至多能提供一个好的环境，学习和成长的任务则全在你自己。北大有很好的老师，但只靠听课是难以学好的。老师们并不找上门来给你辅导，只有善于思考和提问的同学才有更多与老师交流向老师学习、提高自己的机会。北大有丰富多彩的讲座，但如果你没有好的学习基础和高的学习效率，你只会被沉重的课业压得疲惫不堪，在应付作业和考试中疲于奔命，根本就没有时间开阔视野。总的说来，名校为一个人的成长与成才提供了最为优越的条件，然而只有那些有智慧，有胆识，有思想，有个性的学生才能充分利用它。不要以为为了达到名校的胜利彼岸，我们可以从生命之舟上暂且扔出独立的思想，鲜明的个性和广泛的兴趣，上岸之后再将它们从水里捞起来；你可能会失望地发现，有些东西在海水的作用下早已起了微妙的变化，有些感觉则一去不返了。

因此，分数固然重要，但不要将其重要性摆在你人格的清纯、思想的独立、身心的健康以及对真正的知识的汲取之上。不要为了多做重复的练习而牺牲自己独立思考，提问和探讨的时间；不要因为考试在即而打乱一个应当长期坚持的，循序渐进的学习计划。顺便说说，一味追求高分的人往往得不到高分。在大学里，有幸结识了很多优秀的同学。他们中有酷爱数学的，课间不是捧着本谈拓扑的英文教材，就是拿粉笔在黑板上画着非欧模型；也有兴趣广泛发展全面的，斜对面寝室的省高考状元就除排球外无球不打，国际大事无不关心，摄影技术叫人叹为观止，文艺会演上的一曲独唱赢得满堂喝彩。我不知道他们是怎样提高自己高考或是竞赛的分数的，但我在北大独独没有遇到成天捧着模拟试卷琢磨老师会出怎样的考题的学生。

三年的时光是生命中极为厚重的一部分，好好珍惜，认真思考一下怎样利用它丰富和完善自我，不要将它浪费在无谓的斤斤计较上。

LIGHT THE WISDOM

教育魔方三

不按照一个模式培养学生

我们的教学目的是培养学生，不是为了拿“牌子”。

黄冈中学前校长 张庭良

教育教学就是要尊重学生的多样性，重视学生的差异性，以人为本，因材施教。

黄冈中学前校长 汪立丰

能让学生以成功的心态走向社会，就是教育最大的成功。不求人人成为精英，但求人人走向成功。

黄冈中学前校长 曹衍清

培养孩子应着重培养能力，而不能过于功利，同时培养能力能早则早，能快则快，不要拔苗助长，否则欲速则不达。每一个孩子都有自己的特点，应该发现和培养他的兴趣和特长，俗话说，强扭的瓜不甜。关键是要找到一条适合自己孩子特点的培养途径。

黄冈中学前校长 陈鼎常

奥赛教育就像人工钻井，只有作业面越开阔，才能挖掘得越深，知识面过于狭窄的人，是没有办法在奥赛中取得优异成绩的。

黄冈中学特级教师 龚霞玲

培养教育人和种花木一样，首先要认识花木的特点，区别不同情况给以施肥、浇水和培养教育，这叫“因材施教”。

——陶行知

当教师把每一个学生都理解为他是一个具有个人特点的、具有自己的志向、自己的智慧和性格结构的人的时候，这样的理解才能有助于教师去热爱儿童和尊重儿童。

——赞科夫

从我手里经过的学生成千上万，奇怪的是，留给我印象最深的并不是无可挑剔的模范生，而是别具特点，与众不同的孩子。

——苏霍姆林斯基

世界上没有才能的人是没有的。问题在于教育者要去发现每一位学生的禀赋、兴趣、爱好和特长，为他们的表现和发展提供充分的条件和正确引导。

——苏霍姆林斯基

要求学生做一个全面发展的人

> **在高考指挥棒下，黄冈中学教育不能说不应对考试，但核心理念是：以人为本，培养学生良好习惯，关注学生个性发展，为学生的终身可持续发展奠定基础。**

2010年5月21日晚上，湖南卫视《天天向上》节目播出，黄冈中学部分教师及学生做客节目并与大家一起分享黄冈中学的传奇故事。节目中，黄冈中学学生还向观众展示了他们多才多艺的一面，其中一对双胞胎姐妹身穿傣族服装，向观众们展示了她们优美的舞姿。被保送到清华大学的张智同学在初中时代二胡演奏已经达到了10级的水平，他告诉主持人，现在他正在学法语和钢琴；来自高一的谢宇瑶同学笔头功夫相当了得，主持人现场朗诵起了她写的武侠小说。

作为一个经济欠发达地区的中学，黄冈中学各方面条件及外在的人文氛围自然不能与大城市的学校相比。但是，他们仍力争在现有条件下有所作为。黄冈中学一位校友回忆道："课外活动也很多，有美育节、春游、球类运动会、田径运动会、理化生晚会、辩论赛、'五四'歌手大赛、青年志愿者活动……每个星期六晚上还会放最新的电影。"黄冈中学已经举办了19届艺术文化节，从展出的部分书法、美术、摄影作品中，你很难相信这是出自经济欠发达地区的中学生之手。

2004年从黄冈中学保送到北京大学的张超也写下了他美好的回忆：

"校园里有几大盛事。首屈一指的是每年的'校园科技文化节'。整整一个十二月份，全校师生都忙着这件事。每个人都拿出自己最拿手的书法绘画、独具匠心的手工制作或是想象奇特的小发明创造，为校园文化添枝加叶。月底还有一个全校性的文艺晚会——迎元旦晚会，各种精彩的节目层出不穷。还有就是每年春季的球类运动会和秋季的田径运动会，同学们在这里释放自己的青春活力。"

2009年，在美国阿拉斯加落幕的2009年国际模拟联合国大会上，来自中国的詹歆雨和其他几位中学生代表获得了最佳团队奖。

詹歆雨就来自黄冈中学。在去年举办的湖北省首届中学生英语口语大赛中，詹歆雨以纯正优美的英语口语和完美的表现战胜了来自湖北省各地的30多名选手，以优异的成绩获得了一等奖。随后，美国阿拉斯加大学向其发出邀请函，邀请她及湖北省另外三名优秀高中生及一名大学生代表中国前往美国阿拉斯加参加“模拟联合国大会”。詹歆雨代表联合国发展规划署发言，对全球气候变暖这一国际关注的热点问题发表了自己的见解，经与会代表投票，以最高票数获得提案第一名，并获得“最佳营员奖”，受到了“模拟联合国大会”的肯定和嘉奖。

陈鼎常在2008年接受《广州日报》采访时分析说，为何中国的中小学重视考试的程度高，我们不能离开中国的历史和国情。中国人口众多，升学竞争激烈，就业形势严峻，这是现实的压力。而到目前为止，人们还没有找到比高考更公平、更合理、更便捷的人才选拔方式。当然，改革是一个渐进的过程。如果我们的教育环境更宽松了，就业渠道更广阔了，那么我们的教育就会更有规律，学生素质会更全面，到那个时候我们的素质教育就水到渠成了。

从黄冈到斯坦福：个性女孩传奇

2008年3月，正是高三学生紧锣密鼓备战高考的时候，黄冈中学高三学生欧阳雪颖却已经收到了美国斯坦福大学的录取通知书，并获得总计21.68万美元的全额奖学金，成为湖北省第一位获得斯坦福大学全额奖学金的应届高中毕业生。

欧阳和母亲都认为，欧阳成功申请美国名校，除了她个人的努力之外，还得益于6年来她在学校接受的教育和老师的支持。提起黄冈中学，欧阳显得有些兴奋：“我中学的六年全在黄冈中学度过。”

据了解，美国大学不会只根据考试的分数选拔人才——除了考试分数高外，还要考查学生多方面的素质，如个人艺术特长、学术能力、课外成就等。“而学校正好给了我提高综合素质的机会，学校组织的丰富多彩的艺术文化生活让我的爱好、特长、能力、素质得到了全面的展示和提高。”唱歌、绘画、体育竞赛……这些都是欧阳爱好的，她一样也舍不得放弃。在学校每年举办的文化艺术节上，她的绘画、手工作品屡次获得一等奖，在校园青春歌手暨主持人风采大赛上，她的一曲“Don’t cry for me, Argentina”，获得了全场热烈的掌声。她的文字功底也很扎实，常在校内外刊物上发表文章。

高中阶段，她担任过班级团支部书记、宣传委员、文娱委员，还负责黄冈中学广播电台英语节目的播音。2007 年 3 月 25 日，欧阳策划、组织的“青年志愿者交通安全宣传活动”产生了良好的社会反响，地方报刊曾对此进行了报道。也许，这些正是美国大学所欣赏的“领袖潜质”。

欧阳的母亲告诉我们，欧阳在黄冈中学的学习过程中，不断接受老师的指导、激励，文理科成绩均衡发展。注意扩大知识面，注重培养自主学习和探究能力，托福和 SAT 考试的很多课程都是自学的。此外，欧阳不是被动地接受知识，对很多问题有自己“奇异”的想法，有时还爱和老师争辩。她的争辩，不是招来了反感，而是得到了赞赏，正是这样的环境，使得她的个性和才华得到了充分的施展。

高考固然重要，但成才之路不止一条

像黄冈中学这样每年高考升学率在 90% 以上，是否存在需要处理面向全体与因材施教关系的问题呢？在黄冈中学，面向全体，就是尽可能把 90% 以上的学生培养成适应高校需要的合格学生；因材施教，就是要针对学生个体不同的禀赋和兴趣，通过课外兴趣小组、第二课堂活动，合理加以引导，满足不同学生个体的不同专业欲望和成才欲望，为他们今后的发展创造广阔前景。黄冈中学前校长汪立丰也认为，教育教学就是要尊重学生的多样性，重视学生的差异性，以人为本，因材施教。

教育的最高境界依然是因材施教。

——曹衍清

黄冈中学前校长曹衍清分析，教育是培养人才的，能为社会发展和人类进步做出不同程度的创造性贡献的人。基础教育是为了培养合格人才打基础的教育。传统的人才观念，一直是看考分，看学生是否上重点中学和大学，而不看学生能否在复杂多变的现代社会中，具有主动适应社会和促进社会发展的能力。人没有统一的模式。现代的人是多层次、多规格、多样化的，我们的教育不应培养上下几乎一般粗细的“电线杆”人群，好的人才群体的培育应当形成金字塔型的结构。教育者要树立现代的人才观念，必须弄清人才概念的这些特性，如人才范围的广义性、人才素质的完整性、人才使用的差异性、人才配置的结构性等。而不是简单地用一个规范、约束学生，以消除差异的方式抹杀特点。

什么是成功的教育？曹衍清认为，任何类型的教育都可能是成功的教育，同时也可能是失败的教育。能让学生以成功的心态走向社会，就是教育的最大成功。因此，他主张“不求人人成为精英，但求人人走向成功”。

黄冈中学在完成常规教学任务之外，还组织了许多学科兴趣小组，以培养、发现、造就新的人才。兴趣小组是开发学生智力资源，培养学生的自学能力，挖掘学生学习积极性的有效途径。黄冈中学为理科特长生开设了“理科实验班”，为艺术和体育爱好者成立了艺术团、运动队。对于更多的学生，他们坚持每天开展课外活动，培养和发展他们的兴趣特长。

2007年黄冈高考文科状元李金涛的学习经历，突出地展现了学校为学生教育和成长所创设的环境与氛围。李金涛作为文科班的学生，却常去理科班听语数外，尤其在数学方面还要和理科班的学生“过招”。这是李金涛经常采用的一种学习方法，他希望借此来提高自己的数学成绩，以及运用数学知识解决问题的能力。李金涛的班主任周益新谈到，李金涛在数学方面经常和理科班学生一起探讨，通过到理科班学习，锻炼了心理素质，扩展了思维空间，提高了解题速度，当年他的高考数学成绩为144分。李金涛在学习中，经常把错误的题目收集起来，然后再分析解题的方法，寻求解题的途径。平常考试，没有把分数看得太重。

在黄冈中学，老师们对于外界批评黄冈中学搞应试教育的说法一概表示不赞同；相反，他们认为，学校在关注学生的个性发展，尊重和保护学生的自我意识和创造能力方面做出了一些有益的尝试，取得了许多可喜的成绩。据王宪生老师介绍，黄冈中学的教师充分了解每个学生的特点和水平，不同的班级讲的内容有所区别，不同的学生所留作业的数量和层次也有所区别。这其实就是新课程提倡的分层教学，黄冈中学在多年以前就开始这么做了。

多年来，黄冈中学不通过高考这一途径免试上大学的学生每年有30名左右，总共有600多名学生被免试保送上大学。有18名学生在国际竞赛中夺得22枚奖牌（金牌15枚，银牌5枚，铜牌2枚），其中包括在亚运会上夺得的4枚金牌。嫦娥工程运载火箭系统总设计师贺祖明就是黄冈中学60届校友，黄冈中学的校友有2人获得国家自然科学一等奖，几十人晋升为共和国将军、成长为省部级以上干部，有300多人获得海外博士学位。这些都是该校实践这种教育理念取得的一些成果。

针对个别差异的重要性，教育家李维斯有一个著名寓言《动物学校》：

有一天，动物们准备设立学校，教育下一代应付未来的挑战。校方制定的课程包括飞行、跑步、游泳及爬树等本领，为方便管理，所有动物一律要修全部课程。

鸭子游泳技术一流，飞行课的成绩也不错，可是跑步却无计可施。为了补救，只好课余加强练习，甚至放弃游泳课来练跑。到了最后磨坏了脚掌，游泳成绩也变得平庸。校方可以接受平庸的成绩，只有鸭子自己深感不值。

兔子在跑步课上名列前茅，可是对游泳一筹莫展，甚至精神崩溃。

松鼠爬树最拿手，可是飞行课的老师一定要他自地面起飞，不准从树顶下降，弄得他神经紧张，肌肉抽搐。最后爬树得丙，跑步更只有丁等。

老鹰是个问题儿童，必须严加管教。在爬树课上，他第一个到达树顶，可是坚持用最拿手的方式，不理会老师的要求。

到学期结束，一条怪异的鳗鱼以高超的泳技，加上能飞能跑能爬的成绩，反而获得平均最高分，还代表毕业班致辞。

另一方面，地鼠为抗议学校未把掘土打洞列为必修课而集体抵制。他们先把子女交给獾做学徒，然后与土拨鼠合作另设学校。

黄冈中学的经验的确值得我们认真思考。李开复在《做最好的自己》里面这样写道:“在一元化的视角下，如果仅以‘成绩’和‘名利’来衡量个人、团体乃至社会的成败，那么，这个社会上99%的人都无法跻身于成功者的行列。”那么，不用“成绩”和“名利”来衡量，用什么来衡量呢？因为我们每一个人的个性、爱好、兴趣和理想不同，不可能搞“一刀切”，不可能按照一个模式来培养。真正的标准只有一个，让每一位学生去超越自己，去做最好的自己！

林强：中国第一位拿奖牌的人

林强是黄冈中学的光荣榜上永远的第一。尽管林强在1986年只是获得了国际奥林匹克数学竞赛的铜牌，但是林强是中国第一位拿到奖牌的人。在第二年的国际奥赛中，林强获得银牌。林强又成为中国第一位拿两个奖牌的人。黄冈中学从此成为中国中学学科竞赛的关键词。

“林强能出来充满了偶然性。奥赛这条路不好走，除了极高天赋，机会和环境同样重要。”卞清胜是林强的初中数学老师，卞清胜说，林强的父母和一般人不同，初中时期，林强的父亲反复找到卞清胜，要求给林强“特殊待遇”。到林强初中毕业的时候，已经自学完成高中的全部课程。在黄冈中学，无论是老师、学生或是家长，都很自然地谈到“天才”和“一般人”的区别，对于极突出的学生，黄冈能提供的最好平台就是竞赛。卞清胜不仅允许林强不做作业，还经常帮他在语文老师那里说好话。“他最头疼写作文了。”在中考之前，卞清胜给林强找来的是湖北省编写的高考复习资料。“林强是做中考题好？还是做高考题好？1985 年我们并不知道，竞赛也能成为一条道路，我们只有国内和省内的竞赛，并把其当作学生课外活动的一种体现。”但是在湖北和湖南，已经有很多高质量的中学在国内竞赛上开始竞争。“林强的中考数学考了 119 分，满分 120 分。排名这个东西是非常残酷的，得满分只不过是中考复习得好，120 分比我们这个 119 分差得远。”卞清胜和林强的父母志不在此，他们强烈要求黄冈高中在暑期竞赛训练班收下初中毕业的林强。

“无论怎么要求，高中部就是不同意。一开始的理由是，黄冈高中的竞赛班只针对黄冈高中学生，万一林强不上黄冈高中呢？”卞清胜不明白，“这么好的学生，黄冈高中不要还有哪个学校能要？”卞清胜 1981 年开始执教，第一次碰到天才。“自己的学生连提前培训都不行，我弄不懂。”直到训练班开始前一天，卞清胜忽然接到通知，林强可以来培训。一个暑假过后，全国高中数学联赛开始，林强取得湖北省第四名，不能参加只允许前三名进入的国家考试。“1986 年，中国第一次要派队伍参加国际奥林匹克数学竞赛，全国通过竞赛选拔三名学生。”湖北前三名被黄冈高中包揽，但是黄冈高中的老师们还是认为林强更有希望。“好运再次降临。第五名是武汉市的一名学生，当时武汉就去说服全国高中数学联赛委员会，要求给偌大的一个武汉市增加名额。”林强顺理成章搭上了顺风车，以全国第一的成绩入选国家队。1986 年，林强的铜牌给黄冈乃至中国教育界带来莫大的震动。林强 1987 年再次参加国际奥林匹克数学竞赛，并取得了银牌，保送进中国科技大学数学系，后来留校。

保护学生好奇心、偏爱“小调皮”

黄冈中学保护学生好奇心、偏爱“小调皮”的一些故事曾被传为佳话。因获奥赛金牌受到国家领导人接见和夸奖的怪才王崧之所以能够健康地成长并最终脱颖而出，也是因为他有幸成长在黄冈中学这块土壤上。在该校众多冠军得主中，他是最具有数学家潜质的一位，有教练称其为像陈景润般的数学天才。让教练们高兴的是，王崧现在依然在中科院专攻数学，是黄冈中学奥数冠军中极少数一直留在专业领域的人。

1990 年，还在读高二的王崧被选进中国中学生代表队，参加了在北京举行的第

31届国际数学奥赛，一举夺得金牌。北京大学提前免试录取了他。1992年，王崧再次代表中国队出征，又获金牌。连荷兰著名的数学大师都没有料到，他们出的一道占7分的怪题，本国3人参赛，总共才得3分，中国6人参赛却能得32分，王崧个人得了满分！

陈鼎常，这位辅导学生夺得四枚奥数金牌的教练，现任黄冈中学的校长，是王崧当年的奥数辅导教师。他称王崧为数学怪才：数学知识学习超前而社会知识积累滞后，抽象思维能力较强而表达能力相对较弱，对某些问题见解深刻而某些基础知识相对较弱，这些矛盾集王崧于一身，因而形成了反差，产生一些怪现象。

上课时，王崧把耳朵贴在桌面上，不看黑板，好像睡着了一样，其实听得极其认真；他写的数学答案，老师们总要猜着看；一旦注意力集中到某一习题上，外界的任何干扰都不能映入他的大脑；思维跳跃太厉害，老师们对他只能起到辅助作用，他的智商和思路已经超越了师者……

黄冈的老师们给了这名天才充分的自由和引导：他上课只顾埋头看书，不听讲也不会挨批评；他听课经常插问，打断老师的讲述，老师也不气恼；对于他另辟蹊径的解题方法，老师不强求划一，引导他发展自己独特的解题思维和技能。

1990年，由于选拔赛题目简单，王崧"名落孙山"，最初没有被选入国家集训队。但因为中国是当年的国际奥赛主办国，担心简单的题目埋没了人才，于是破天荒又进行了一次全国竞赛。这次试题很难，王崧顺利超越了所有选手，成为头号种子，连获两枚国际奥赛金牌。

下面是陈校长讲到的生动事例：

有两个大家熟悉的金牌选手。一个是"数学怪才"王崧。我对他的"怪"是这样看的：他数学知识学习超前但社会知识积累滞后；抽象思维能力较强但表达能力相对较弱；对某些问题的见解深刻但某些基础知识相对较弱，因而形成了反差，产生了一些怪现象。另一个是倪忆。倪忆与王崧不同。倪忆入校时数学知识面窄但接受能力强，掌握的方法、技巧少但思维周密灵活。学生的特点不同，训练方法也不同。对倪忆，我采取的是"高起点，大容量，快节奏"的训练方法。效果显著。对王崧，我坚持扬长补短，循序诱导，效果也不错。至今我还记得我和他讨论过一道优美的数学题：

两枚围棋子均匀地放在一个圆周上。若相邻两子同色，在其间放一枚黑子，或者放一枚白子，然后撤掉原先两子。经过有限次操作，能否将棋子全部变为黑的？”

“能！”——培养他的思维能力。

“为什么能？”——培养他的表达能力（需要引进一种符号，一种数学语言）。

“一定要两枚棋子吗？”——还要培养他灵活善变、举一反三的能力。

这个问题的有趣的结论刘嘉荃教授已有证明。我送给王崧一本小册子，让他自己去看，看懂后再说给我听。这是我针对学生特点加以辅导的一个例子。

“九班”模式

2014年11月7日，第31届全国中学生物理竞赛全国总决赛成绩揭晓，黄冈中学高三（9）班刘家隆同学以理论全国第四、总成绩全国第九喜获金牌，入选国家集训队，并保送清华大学。

在今天的黄冈中学，没有人不知道“九班”；在研究黄冈中学的一些资料里，人们也不时地会提及“九班”。“九班”严格的称谓叫“湖北省理科实验班”。黄冈中学1995年后所有的奥赛金牌都产自这个班。

黄冈中学在参与国际奥赛的初期，其奥赛训练主要是采取兴趣小组的方式进行，即由学校选拔出的参加奥赛训练的学生平时分散在各平行班学习，周末按学科分小组集中进行奥赛训练。 黄冈中学前校长张庭良回忆说：“我们的教学目的是培养学生，不是为了拿‘牌子’。”这句话，他是针对奥赛来说的。刚开始成立“课外兴趣小组”的本意并不是为了参加奥赛，因为当时我国还没有参加奥赛，目的就是为了培养学生的能力。1986年，我国派3名选手首次参加国际数学奥赛，林强夺得一枚铜牌，刺激了“课外兴趣小组”的进一步发展。

“九班”作为一个班级建制是在林强、王崧、库超等同学相继在国际奥赛中获得奖牌的背景下组建的。1995年，黄冈中学开始组建奥赛实验班，因当时同年级平行班已经有了八个班级，于是这个实验班按顺序排列第九，故称“九班”。

经过一段时间的运行与探索，“九班”作为一种集中进行奥赛训练的教育教学模式和机制逐步地成熟。2001年高考，大概算是“九班”最辉煌的时期。一方面，这一届“九班”有一批学生在全国竞赛上取得优异成绩，并先后有十人进入奥赛冬令营；另一方面，这一届“九班”共49人，进入北大清华的15人。49人中，20人参加高考，其余的29人都被保送。参加高考的学生人均成绩628.4，全部达到了一类分数线，除两名学生之外，其余学生成绩都在600分以上；其中四人被录取到北大、清华。

黄冈中学现任物理奥赛主教练徐辉认为，如果不以拿奖牌为终极目标，参加奥赛训练，对学生的素质培养和个性发展是大有裨益的。首先，奥赛不是一种简单的知识教育，而是重在培养学生的自学能力。在奥赛训练中，启发和引导学生自主学习是一种常规的教学方式；就学生来说，不善于自学就不可能有相关学科知识和技能的进步，也不可能在奥赛中取得好的成绩。在自主学习方面，参加奥赛训练与没有参加的学生大不一样。在国际上拿奖的学生，都是自学能力很强的。其次，参加奥赛的学生还有一个特点，就是表达能力强。奥赛训练中，要求学生不仅会做题，而且要会讲题；即对于一道训练题，学生不仅要会运算并最终得出正确的结果，而且要能够把运算的原理、思路和过程清晰地讲述出来。因为在奥赛训练的层层选拔的过程中，主考官常常要求学生讲述自己解题的思路和过程。对于一个题目，自己能做出来，与能讲出来大不一样。要讲清楚，讲得别人能懂，自己必须理解得十分透彻，而且要有清晰的思路和较高的表达能力。另外，平时在学校的训练中，同学之间相互介绍、讲述自己习题演算的过程，也是一种常见的教学方式。如果你讲得不对，同学们就会提出来，作为指导老师在一旁也可以发问。在这样的学习环境中，学生的自主性得到充分的发挥，自学能力、思辨能力和口头表达能力都得到了显著提高。这一事实也说明，奥赛教育与素质教育的要求在本质上是相通的。

在与黄冈中学奥赛教练们的交谈中发现，对于参加奥赛训练的学生的评价和要求，他们有一个共同的理念，即凡是参加奥赛的学生在学科知识的学习方面决不能是单科独进，而必须是在保持竞赛学科成绩特别突出的基础上，做到各学科均衡发展。

龚霞玲老师有个形象的比喻，她说，奥赛教育就像人工钻井，只有作业面越开阔，才能挖掘得越深，知识面过于狭窄的人，是没有办法在奥赛中取得优异成绩的。龚老师说："如果有些学生只是某一单科成绩比较突出，我建议他不要去搞奥赛，因为这样的学生去参加奥赛不仅不会取得什么成绩，相反还会影响到他们的高考。"她还说："我从来不会因为学生在我所教的物理学科方面的成绩特别好而偏爱某一个学生；相反，我考察学生的首要条件那就是他的各科成绩都必须很优秀。我认为，一个学生如果你连高中的其他科目都学不好，是不可能搞好竞赛的。单科独进我是非常反对的，我要求学生全面发展，所以我的学生各科成绩都很好。我经常对学生讲，钱三强是物理学家，很强。他真是三强，物理好、数学好、外语好。人要到高层次发展，必定要全面发展。”

徐辉老师也强调说，多年来奥赛教育的实践证明，凡是单科突出而其他学科知识学习跟不上的学生一般都没有后劲，很难脱颖而出；只有单科突出，又能保持各学科成绩全面发展的学生，才有希望最终在国际竞赛中取得优异成绩。

在黄冈中学奥赛教练看来，奥赛就是因材施教，就是特长教育，就是分层教学。对于有些学生，他在某一学科学习上学有余力，别人学一个小时，他半个小时就够了，一本教材别人要学三年他有一年就够了，学校为什么要把他们限制在统一的教学模式上呢？奥赛教育就是专门为满足这些学生的教育需求的。但是，办好奥赛，关键是处理好学生单科突进和各学科知识综合发展的关系，防止出现顾此失彼的现象。教师也要注意防止和克服功利主义的倾向，如果教师的思想出现了偏差，整个训练就会走偏。实际上，我们的奥赛训练中的确存在这种情况，而且很严重。负责训练的老师如果眼睛只是盯在奖牌上，不注意学生素质的全面发展，就容易出问题。

事实上，在奥赛训练中，学生的单科成绩与各学科平均成绩之间是可以实现、达到相对统一的，也就是说，参加奥赛的学生可以做到竞赛学科和综合学科的齐头并进，协调发展。例如，2004 届“九班”，全班学生的综合成绩一般都保持在一个很高的水准上，数学人平分数 143，物理 135 分，化学 130 分，语文 118 分，英语 120 分。

“九班”因为奥赛而应运而生，也因在奥赛中夺金而声名大振。但是 1995 年之后，保送生制度不断遭到攻击。参加奥赛的风险越来越大已成事实。

过去两个竞赛班有 100 多学生，从 2006 年开始缩减成一个班，其人数，陈鼎常在 2007 年接受《三联生活周刊》采访时给出的数字是，“43 人”——比正常一个班的人数还少一些。

对于社会上的奥赛热潮，陈鼎常校长认为应该理性。他在 2008 年一次接受《楚天金报》采访时分析说：“有一个基本事实，就是毕竟国际奥赛每年获得奖牌的人数是非常少的。培养孩子应着重培养能力，而不能过于功利，同时培养能力能早则早，能快则快，不要拔苗助长，否则欲速则不达。每一个孩子都有自己的特点，应该发现和培养他的兴趣和特长，俗话说，强扭的瓜不甜。关键是要找到一条适合自己孩子特点的培养途径。”

LIGHT THE WISDOM

教育魔方四

好学生未必要听话，好老师不搞“一言堂”

教师的“教”是为了学生的“学”，是为了学生的“学”服务的，因而教师在教学的过程中,应该充分尊重和发挥学生在教学过程中的主体地位,让学生做课堂的主人。

黄冈中学前校长 曹衍清

我们倡导学生思维具有独立性、批判性、创造性。不认为谦虚的学生才是好学生。一些学生成才的事例表明，年轻人不妨有点“狂”，豪气干云方能干一番事业。不要横挑鼻子竖挑眼，将他们的棱角磨平，锐气销尽。在教学中，提倡营造一种返璞归真的教学艺术境界，让学生知无不言，言无不尽，不简单、轻易地否定学生的想法。即使是所谓的“胡思乱想”，也要分析他是怎么想的，要善于发现其中合理的成分、独到的见解。

黄冈中学前校长 陈鼎常

经学生的一番“头脑风暴”，许多看起来难度很大的问题最终都能够得到圆满解决。

黄冈中学特级教师 龚霞玲

我们的教学不搞死记硬背，不搞满堂灌，不要求学生死读书，而是注意突出学生的主体性，采取研究式学习，这不是素质教育是什么?

黄冈中学特级教师 龚霞玲

不怀疑，难识真理；不反思，难觅真知。大胆怀疑，深入思考，科学验证，勇于创新，这是黄冈中学优秀学生的一大品质。

黄冈中学前校长 陈鼎常

在教学中我们鼓励学生质疑，因为疑问能激发学生的求知欲望，由质疑到解疑，需要一种创造性思维，这种思维能促使学生主体意识的觉醒和发扬，小小的成功会使学生看到自我的价值。

黄冈中学教师傅 全 安

青，取之于蓝，而青于蓝 ——荀子

弟子不必不如师，师不必贤于弟子 ——韩愈

学生如果把先生当作一个范本，而不是一个敌手，他就永远不能青出于蓝。

——别林斯基

年轻人不妨有点“狂”

9月9日，华中科技大学举行2010级本科生开学典礼。该校校长、中国工程院院士李培根在16分钟的讲话中，要求学生学会质疑，哪怕是质疑学校和校长。在他的2800余字讲稿中，“质疑”先后出现82次。（《长江日报》2010年9月10日）可见李校长对学生的质疑精神是何等渴求。

自从恢复高考以后，由于就业压力越来越大，使青少年一代陷入应试教育的恶性竞争之中。这种教育要求学生必须遵守学校纪律、服从组织管理，听从老师指挥，接受知识灌输，以便在高考中取胜。在2009年5月召开的第四届中外大学校长论坛上，来自世界一流大学的校长们几乎一致认为中国的学生最缺乏挑战权威的勇气、批判性的思维，不太愿意去挑战学术权威，发表不同的看法，不太愿意自主地进行创造性思维。

应该创造让学生大胆质疑的环境，保障学生可以大胆质疑、批评的权利。2009年1月，国务院总理温家宝在其《百年大计，教育为本》一文说，“解放学生，不是不去管他们，让他们去玩，而是给他们留下了解社会的时间，留下思考的时间，留下动手的时间。……老师能给学生以启蒙教育，教他们学会思考问题，然后用他们自己的创造思维去学习，终身去学习。”2010年1月，他在与来自科教文卫体各界的10位代表会谈时说，“一所好的大学，在于有自己独特的灵魂，这就是独立的思考、自由的表达。”

陈鼎常在2007年的“全国基础教育・黄冈论坛”开幕式上的讲话曾特别强调：

培养敢于创新、乐于创新、善于创新的学生，已经成为黄冈中学教育的基本价值取向。我们倡导学生思维具有独立性、批判性、创造性。不认为谦虚的学生才是好学生。一些学生成才的事例表明，年轻人不妨有点“狂”，豪气干云方能干一番事业。不要横挑鼻子竖挑眼，将他们的棱角磨平，锐气销尽。在教学中，提倡营造一种返璞归真的教学艺术境界，让学生知无不言，言无不尽，不简单、轻易地否定学生的想法。即使是所谓的“胡思乱想”，也要分析他是怎么想的，要善于发现其中合理的成分、独到的见解。黄冈中学赋予教学以研究的性质，因而教学水平也体现出学术水平。学生的学习也是研究性学习，因而学习的过程也是一种创造的过程。

陈校长的这番话起码表达了黄冈中学的一种教育理念和追求。

黄冈中学前校长汪立丰介绍，在黄冈中学，主张在课堂上应当做到“三个提倡”（提倡学生上讲台、七嘴八舌和标新立异）和“三个不准”（不准满堂灌、照本宣科和熄灭学生思维的火花），努力营造活泼和谐的课堂氛围，其着眼点就在于培养学生的创新意识。他指出：“中学阶段是人的世界观、人生观、价值观形成的关键时期，也是创新精神勃发的时期，如引导不得法，就会扼杀他们的创新精神；反之，创新精神就会滋长并不断发扬光大。培养学生的创新精神，重在关注其‘发展价值’，就是要着眼明天，着眼未来，让学生勇于和善于创造成功，实现理想。在实际生活中，凡学生能独立、创造性地解决一道难题，克服一个困难，能产生灵感，做出有意义的小发明、小制作、小节目等，可能不一定会取得明显的社会效益和经济效益，却锻炼了心智，培养了能力，是甚为宝贵的，我们应该给予支持和鼓励。”

教师相对于学生来说应该是一个怎样的角色定位？黄冈中学特级教师龚霞玲老师认为，教师不是一个传道者，更不是学生的主宰者。无论是在学科知识还是在社会认知方面，相对于学生来说，教师都不是一个全能的智者。龚霞玲说，她从来不约束自己的学生，“一个老师即使知识再渊博，但是当灌输给学生的时候，也要注意方式方法。”她希望学生能够带着问题去学，她最担心的就是她讲课学生没有反应。而龚老师的学生们也说，龚老师讲课之前，一般会征求学生的意见，是想听课还是想自习，给学生的自主权很大。龚老师还提出，很多老师把自己会做的题给学生，不会做的就不给学生，“这样学生就永远笼罩在老师的水平之下，无法突破。我希望我的学生能够超越我。”

1985年，龚老师第一次受命担任高三年级的物理，在接受这一任务时，时任校长的张庭良对她说，这一届高三要参加全省物理竞赛。接受任务后，龚老师暗自下定决心，要参加竞赛，就要有好的成绩。经过一个学期的努力，最后出来的成绩还不错！在全省竞赛拿了一个特等奖和一等奖。然而，这样的成绩徘徊了一段时间，也就是说，在相当长一段时间内，学校的物理竞赛在省内还是比较靠前，但在全国范围的竞赛一直没有较大的突破。为此，龚霞玲三次外出访问考察。

2000年，龚霞玲到华东师大二附中去参观。这个学校物理竞赛取得了令人瞩目的成绩。参观访问期间，该校的物理奥赛教练张大同向她介绍时说，“我们学校物理竞赛主要用了两个脑子，一个是学生的脑子，一个是大学教授的脑子。”也就是说，他们的学生很聪明，而学校的教师只能帮助他们完成高中课程的教学，涉及大学的知识内容是学生自己在一所著名大学里完成的。在交谈中，这位老师的一句话给了龚霞玲极大的启发，他说，“在高一的时候我们教学生的是方法，即学习物理的方法。到了高二的时候我就教不了了，学生也很少再问我，因为我已经回答不了学生的问题了，学生的能力已经比我强了。”这位同行的话使得龚霞玲顿时豁然开朗，她反思了自己过去的奥赛训练，学生在奥赛方面没有取得重大突破，是因为自己作为教练总把学生的学习和训练局限在自己的能力范围之内，无论是新知识的学习和开拓，还是相关的习题训练，一般都是只有自己掌握了的东西，才对学生讲，采取组织他们学习、研讨；自己不会的就不给学生讲了。她知道了要让学生自己去突破，在研究讨论的氛围中成长。后来，龚老师改变了教学、训练的方式，即使是自己还没有掌握的知识点，自己还不会做的练习题也都交给学生，让他们去思考、碰撞和研讨。结果发现，经学生的一番“头脑风暴”，许多看起来难度很大的问题最终都能够得到圆满解决。此后，龚老师负责的物理竞赛不断取得一些新的突破性成绩。回忆起这一段经历，龚老师深有体会地说，这就好比一位优秀的教练员，虽然他本人可能没有办法成为一名世界冠军，但是，他可以通过自己严格、科学的指导和训练，最终把他的弟子推上世界冠军的领奖台。在这一过程中，教师最重要的是在学习的方法以及心理上给予正确的指导和引领，而不必要求自己在知识教育的领域里充当一个全能的“布道者”，事实上任何人即令是想这样做也不可能的。

黄冈中学化学教师傅全安说：“在教学中我们鼓励学生质疑，因为疑问能激发学生的求知欲望，由质疑到解疑，需要一种创造性思维，这种思维能促使学生主体意识的觉醒和发扬，小小的成功会使学生看到自我的价值。”

2004年考入清华大学的龚诚回忆说：“我的班主任程洲平老师对同学们主动发现问题、提出问题的能力要求很高，他要求同学能把学习中的疑问主动提出来，及时解决掉。记得有一次，他对班上提问题的风气不浓感到很不满意，便对我们说：‘我在另一个班上上课，每次下课时，都要昂着头才能走出教室’。同学们都很奇怪，为什么要昂着头才能走出教室？随后他解释道：‘因为每次上完课后，那个班都有很多人举手提出问题，而且一个接着一个，如果我不赶忙昂着头装作没看见，我怎么能走出教室呢？’说完大家都笑了起来，那以后班上提问的风气果然好了很多”。

罗素说：“你教的学生开始怀疑了，你的教育就成功了。”这时所指的“怀疑”是指的“思考”和思辨能力，而不是指“对一切都不信任”。反思我们的不少教育者，在看见学生流露出疑惑时是多么的紧张啊。于是“引导”、做“思想工作”，给出“标准答案”，反正是要将学生的思想统一在一块儿。这样的教育只能成功地驯养出缺乏独立思考能力的所谓“知识分子”。

黄冈中学注重培养学生的创新能力。陈鼎常说，一味循规蹈矩，很难领会知识的真谛；只有标新立异，才能寻找最佳解题途径。他认为培养学生的创新思维须鼓励学生“敢于质疑”，培养思维的批判性；提倡一题多解（多证），培养思维的发散性；鼓励“标新立异”，培养思维的独创性。他的学生倪忆，是第38届国际数学奥林匹克竞赛金牌获得者，也是拒绝哈佛的中国第一人。1997年数学奥林匹克竞赛有道题，别人用十进制做写了两页，他用九进制作仅写了六行。

> **在教学中我们鼓励学生质疑，因为疑问能激发学生的求知欲望，由质疑到解疑，需要一种创造性思维，这种思维能促使学生主体意识的觉醒和发扬，小小的成功会使学生看到自我的价值。**
>
> **——傅全安**

陈鼎常说：**“不怀疑，难识真理；不反思，难觅真知。大胆怀疑，深入思考，科学验证，勇于创新，这是黄冈中学优秀学生的一大品质。”**

蒙特梭利从人格培养的角度分析了强迫教育的危害。她说：“一个儿童，如果没有学会独自一个人行动，自主的控制他的作为，自动的管理他的意志，到了成人以后，他不但容易受到别人指挥，并且遇事非依赖别人不可。一个学校里的儿童，如果不断的受教师干涉，禁止，呵斥，以至于诟骂，结果会变成一种性格上很复杂的可怜虫。”之所以“可怜”，是因为他有一种“内疑外惧”的心理，这种心理使他在年轻时表现为“羞缩”，成年后又表现为颓丧、萎靡不振和逆来顺受，“而一遇危机，连最低限度的一些骨气，……都拿不出来。”因此她认为，强迫被动的教育对一个人来说，“第一步是养成一种永久的自卑与自馁的心理，而第二步，也是最后一步，是教他们……一种五体投地的精神。”由此可以看出，听话的孩子未必是好孩子，如果孩子听话是因为我们的教育威逼下的结果，其危害之大可以想见。

好的教育就是要培养学生的思考和研究兴趣，但应试教育却要求学生死记硬背现成的知识，根本不需要他们怀疑、思考和研究。这其实是在扼杀学生的天赋与智慧。另外，许多人把研究看得过于神秘，以为那是学者专家的事，也是认识上的一大误区。记得蔡元培在就任北大校长时说：“大学者，研究高深学问者也。”如果说大学是研究高深学问的话，那么中学和小学研究点低级粗浅的学问总可以吧。有了这种认识，才能改变死记硬背的应试教育模式。

早在1932年，潘光旦就在《教育与成见破除》一文中指出：“教育有两大目的，一是教人认识自己，尤其是认识自己在能力上的限制，二是教人破除成见，少受些成见的蒙蔽。”他认为，由于我们总是把精力放在学制调整、课程设置方面，不重视认识自己、破除成见的问题，因此培养出一大批毫无判断力的青年。这些人在学校学会了道听途说、鹦鹉学舌的本领，出了学校以后，就只能是随波逐流、人云亦云了。潘光旦认为，学校应该提倡“价值意识”的教育。这种价值意识的培养，可以让人识别真伪，区分善恶，分辨利弊。这就是说，如果只有大量知识而没有价值意识，就不会有辨别是非的能力，就会被各种各样的成见所蒙蔽。

有时候，教育的结果如果仅仅掌握大量的知识，非但不能改变自己的命运，而且还会陷入被蒙蔽的境地。

每节课教师讲授一般不超过25分钟

爱因斯坦把独立思考能力称作人的内在自由，并且认为教育的目标就在于培养这种内在的自由，而不在于灌输特定的知识。他曾经指出：“发展独立思考和独立判断的一般能力，应当始终放在首位”，“因为一个由没有个人独创性和个人志愿的规格统一的个人所组成的社会，将是一个没有发展可能的不幸社会”。这席话见解深刻，一语道破了现代教育的主要任务。

在黄冈中学的课堂，可以真切地感受到教学的魅力。研究式学习、讨论式学习在这里得到了充分体现。**黄冈中学在其加强教学的规定里要求：老师在课堂上要善于启发学生主动地、生动活泼地学习，注重培养学生的能力。每节课应保证一定的时间让学生进行训练。**

著名教育家陶行知先生曾经说过：“从前的先生，只管按自己的意思去教；凡是学生的才能兴味，一概不顾，专门勉强拿学生来凑他的教法，配他的教材。一来先生收效很小，二来学生苦恼太多，这都是教学不合一的流弊。”黄冈中学提倡学生上讲台，提倡七嘴八舌，提倡标新立异。在黄冈中学，每节课教师讲授一般不超过25分钟。

> **按时上下课，不得迟到或者拖堂，不得占用学生的课间休息时间和课间操时间。**
> **——黄冈中学教学管理规定**

曾任黄冈中学副校长的董德松认为，要想提高学习效率归根结底还是要抓课堂。黄冈中学的课堂，他用“精、实、活、新”四个字来概括，并认为后三者是前者的基础。首先是精，黄冈中学教师讲课的时间只有一半，其他的时间留给学生。在黄冈中学，老师从来不拖堂，尤其是高水平的老师，他们认为在规定的时间完不成教学任务是一种耻辱。这与现在一些老师认为利用课余时间辅导学生是对学生负责的观点完全相反。老师之所以能够做到“精”，那是因为他们在底下做足了功夫，也就是做到了“实、活、新”。没有花架子，针对性强。这是黄冈中学的教学理念。“活”就是老师想方设法引起学生的积极性；“新”就是要求老师们今年的课与去年比要有创新。因此，检查老师教案是教学管理的一个重要环节。他认为“凡事三变，必成名师”。

龚霞玲说：“我认为我一直是在实施素质教育。就物理教学而言，实施素质教育，就是要帮助学生建立模型，提高他们的逻辑思维能力，实现知识迁移。我们的教学不搞死记硬背，不搞满堂灌，不要求学生死读书，而是注意突出学生的主体性，采取研究式学习，这不是素质教育是什么？”在黄冈中学任教近30年的数学特级教师王宪生表示：“如果我们真的是死教死学，怎么可能保持那么多年的优秀？”在他看来，黄冈中学的教师最关键的是做好了两点：一是充分了解学生，备课到位；二是激活学生的自主性，让他们养成自觉学习的习惯。

不教之教

在龚霞玲老师眼里，教师与学生是平等的，她甚至说，她时时对学生抱有一种敬畏感。这是因为每一个学生都是一个独立的思想者和知识的建构者；教师在向学生传授知识的同时也在向学生学习，教师在对学生实施教育的过程中，也实现着自身的发展与成长。

向学生学习，在龚老师那里绝不是一句漂亮的口号，而是源于她与她的那些学生们之间的共同的教学生活。20 世纪 90 年代，一位物理奥赛老师从北京带回一道题目，当时老师们都不知道这道题应该怎样做，龚老师说，是她和学生一起共同研究讨论最后才攻克了这道难题。2001 级奥赛训练遇到一道原苏联的习题，这道题非常繁复，龚老师经过一番周折总算是把它做出来了。但一位叫方圆的学生，却指出了她演算中的一个错误。最后，又是另一位同学寻找到了一个更为简洁的方法。每个同学都谈出自己的看法，他们终于把这道题解答出来了，大家对其中的考查知识点感到惊讶，对物理学的概念与规律的内在联系感到回味无穷。学生张洋对我说：龚老师，什么样的难题都不会难倒我们，只要我们在一起分析讨论，没有解答不了的问题。龚老师一直坚持在物理小组进行讨论、研究性的学习，讨论、研究性的学习过程是一个使学生受益匪浅的过程。

教师在向学生传授知识的同时也在向学生学习，教师在对学生实施教育的过程中，也实现着自身的发展与成长。

——龚霞玲

龚老师说，我从来没有认为自己比学生聪明，很多学生他们的思维能力、演算能力比我强。何况，我面对的是几十个这样的学生，他们加起来的想法和聪明远远超过了我。她认为教师在学生学习的过程中只能起到引导作用，就像体育训练中的教练员参加比赛一定比运动员的成绩差，对教练员的要求是掌握科学的训练方法，并不是他本身的能力强，这就意味着很多试题，教师只能确定解题的方向，而具体求解过程完全不及学生的能力强，速度快。所以，到了高二阶段，学生遇到疑难问题，解决的途径就是同学一起讨论后解决，一般来说，什么样的问题都能得到解决。所以，作为一个集体互相学习、讨论的氛围才是最重要的，是达到一个高水平的重要途径。学生之间团队精神比什么都重要。

龚老师的这种经验让人联想到了由伟大的物理学家尼耳斯·玻尔任所长的哥本哈根大学物理研究所。这个研究所有 10 个人获得诺贝尔科学奖，其中著名的有海森堡、鲍利、赫维塞、罗瑟兰、鲍林、克莱因、邓尼逊等人。在哥本哈根这个“学府”里，如何把学生从潜在的英才培养成现实的英才，所有的经验似乎都可以概括为一句话，即：不教之教。

所谓“不教”，是指在培养英才的过程中，对于那些事实的知识，如结论、定律等是不需要教或是不需要着重教的。那么“需要教”的是什么呢？那就是科学创造的能力与品格，科学研究的标准、价值与态度。具体言之，主要有这样几个方面：首先是创造的意识。还有创造价值观，还有科学创造的方法原则 . 哥本哈根学派培养英才的秘诀就是这个“不教之教”。

导师一方面为学生提供榜样，并为学生指明方向，同时又从这些潜在的英才身上汲取思想的活力和大胆的想法。“教学相长”，师生合作，亲密接触，也是哥本哈根精神的精髓之所在。

在这个过程中，作为导师的玻尔并没有有意识地要教给弟子们“硬性”还是“软性”的东西。相反，他“在一群年轻的、乐观的、快活的、热情的人中作为一个平等人物在活动，在谈论，在生活，在用一种进攻的精神，一种不为习惯所限的精神和一种几乎无法形容的快乐精神处理着大自然的最深的奥秘”。就是在这样一种非教育形式的共同生活、谈论和探索中，有时甚至是玩笑或游戏中，玻尔把那些“需要教”的东西完整而又美妙地“教”给了那些年轻人。没有明确的教育意识，没有明确的教育组织，没有明确的教学环节，连受教育者本人在当时也往往看不到这种教育的存在，只是到后来才发现了它的效果。

哥本哈根大学物理研究所的教育理念对我们中小学教育有很多启发。例如，“需要教”的是：科学创造的能力与品格，科学研究的标准、价值与态度。即创造的意识，对别人的研究成果做出价值判断，对自己的研究课题做出最有价值的选择的能力，科学创造的方法原则、科学研究的风格和一系列科学品质。这些应当是我们在教学活动中借鉴并研究如何实施的。

2009年1月4日，新华网发表了温家宝总理在科技领导小组会上的重要讲话，题目为《百年大计教育为本》。温家宝总理谈到教学改革问题时如是说：

“在教学中我们比较注重认知，认知是教学的一部分，就是学习。在认知方法上我们还有缺陷，主要是灌输。其实，认知应该是启发，教学生学会如何学习，掌握认知的手段，而不仅在知识的本身。学生不仅要学会知识，还要学会动手，学会动脑，学会做事，学会生存，学会与别人共同生活，这是整个教育和教学改革的内容。解放学生，不是不去管他们，让他们去玩，而是给他们留下了解社会的时间，留下思考的时间，留下动手的时间。我最近常思考，从自己的经历感受到，有些东西单从老师那里是学不来的，就是人的思维、人的理想、人的创造精神、人的道德准则。这些，学校给予的是启蒙教育，但更重要的要靠自己学习。学和思的结合，行和知的结合，对于学生来讲非常重要，人的理想和思维，老师是不能手把手教出来的，而恰恰理想和思维决定人的一生。这不是分数能代表的。教学改革还要做到学、思、知、行这四个方面的结合，就是学思要联系，知行要统一。

我一直信奉这样一句话：‘教是为了不教’。不在于老师是一个多么伟大的数学家或文学家，而是老师能给学生以启蒙教育，教他们学会思考问题，然后用他们自己的创造思维去学习，终身去学习。”

黄冈中学名师的经验分享

让学生做课堂的主人

曹衍清，黄冈中学前校长

教师的“教”是为了学生的“学”服务的，因而教师在教学过程中，应该充分尊重和发挥学生在教学过程中的主体地位，让学生做课堂的主人。因此，我认为在课堂教学过程中，教师能否让学生成为课堂的主人是评价课堂教学质量好坏的重要标准之一。学生主体地位是否得到尊重，是以一定的参与度为标准的。学生参与的程度，就广度而言，要看是不是全体学生都参与到课堂教学中来了，是不是在每个环节都参与了；就深度而言，要看学生是被动、应付地学习还是积极主动的学习，要看理解程度、学习质量是否得到提升。

长期以来，学生的学习常常是被动的，学生犹如一个个容器，接受老师课堂上的灌输。要改变这种局面，就必须把学生的主动权还给学生。这就要求教师应转变教学观念，改变教学方法，真正把学生从被动学习的状态中解放出来。可以说，学生之所以被动学习，很大一部分原因是老师造成的，因此，教师教学观念、教学方法的改变迫在眉睫、刻不容缓。

黄冈中学学生的经验分享

说说那些年教过我们的老师

龚润华，黄冈中学2012届毕业生，考入清华大学土木工程系。

记得高三的时候，我们的数学老师把晚自习的时间给我们自由支配，让我们复习以前做过的练习题以及试卷，多做笔记总结。当时我们只是觉得不考试就很轻松，所以只是很高兴。不过后来发现真的很有效果，调研的考试已经很多了，没有必要再额外增加考试，这样我们学生就有时间去认真地反思、总结。现在想起来，自己的数学水平在那段时间提高了不少。

周琦凯，2001年9月进入黄冈中学，在校内多次被评为三好学生、优秀共青团员和优秀学生干部，多次在校内学科竞赛、演讲比赛中获奖，于2004年6月考入清华大学经济管理学院。

说到黄冈中学的老师，我在高中干了三年的化学课代表，所以跟老师的接触相对更多一些，我认为黄冈中学的老师起码有两点是做得很好的：首先，对学生很平易。由于老师们的办公楼离教学楼很近，所以，学生只要有问题，随时可以很方便地去办公室找相应的科目老师，即使自己班上的老师不在，也可以向办公室内的其他老师询问。而一般情况下，老师没课了，就会在办公室备课；这时只要有学生来问，他们绝对会耐心解答。

其次，老师之间关系也很融洽。我送作业的时候，经常看见一群老师围着一个问题在讨论。讨论的问题我不得而知，但是我知道，一般我们在课上或课下提出的问题，老师当场解答不了的，不出48小时，一定给你满意的答复。对学生提出的难题，老师们既不会胡乱搪塞，也绝不置之不理。所谓“知之为知之，不知为不知，是知也”，正是老师们这种严谨学风的楷模效应，我们这些曾经自以为了不起的学生才得以放下架子，互问互助。直到如今，老师们的一句话经常在我耳边回响：“学问，学问，一半靠学，一半靠问。”——这绝对是真理！

说起来，尽管我们高中有这么多好老师，但老师真正讲课的时间并不多，而是把大量的时间留给我们自习。老师只是偶尔到教室里来辅导。现在回想起来，这种给学生充分自由空间的策略完全正确。学习这种东西，老师传授知识固然重要，更重要的是学生得吸收进去。与其一味地灌输，不如让学生自己去总结、归纳。

龚诚，2001年9月进入黄冈中学，高二时获全国物理竞赛省级二等奖，全国化学竞赛省级三等奖，高三时获全国物理竞赛省级三等奖，2003年转学进入黄冈中学，2004年考取清华大学。

程老师还有一个比较有特色的教学方法，就是鼓励同学自己上讲台去为班上同学讲解。他会经常挑一些同学上讲台把测验卷子上题目的解答过程仔细地向全班同学讲清楚。一方面使班上同学弄清楚了每道题的解法，另一方面也使讲的同学自己在讲的过程中得到了锻炼，并且加深了印象。与此同时，由于讲课的和听课的都是本班的同学，所以在这个过程中，遇到什么问题，可以随时指出来，让大家讨论得到解决，这对班上学习风气的形成很有帮助。

傅丹，黄冈中学毕业生，第31届国际化学奥赛金牌获得者，后入北京大学化学系。

我是一个温顺的孩子，在很多方面对老师言听计从，但学习方面并非如此，我提出的想法经常和老师讲的不一样，搞不清楚时，我就去查资料，硬是要弄个明白。我不清楚这算不算创新意识，我认为，学习应该有一点主见，必须自己动脑筋思考哪些是正确的，哪些是错误的。

李蔚明，2001年进入黄冈中学学习，学习成绩长期稳居全校第一。2004年毕业，考入北京大学数学系。

高中时代是人的一生中最为敏感和热情的时期。对社会公正的关注，对哲学话题的思考，对彼岸关怀的向往是青少年的本能，甚至是某种心理需要。不要让对考试和排名的担心挤占了你心灵中本该划给思考的空间。前几天读过一篇文章，感触颇深。作者说，十几岁的生命不是赐给我们去为未来的赋税优惠和抵押支付而烦恼的，“事实上，根据发展生理学的要求，这段时间应该花在浪漫的幻想，形而上的追问，对全世界和平与公正的辩论上。当然，对这些重大主题过于关注，我们可能会失去一些在这个现实社会发展自己的生活技能和策略的机会。但是那些从不做梦的人将失去更多——他们会失去才智、感受力、想象力，而且从长远来看，会失去他们不朽的灵魂。”说得极为中肯。

夏同学，黄冈中学93级毕业生，现任美国马萨诸塞州公立大学教授。

张光怡是我在黄冈中学的第一个语文老师，刚进校时就听人说他每届学生的高考平均成绩都比别的班高十几分。他是武穴人，年纪不大，头发不多。一不小心会用武穴话说出“这个伢儿”，还有他特有的汪薇娜的发音，在薇字那里转了个弯。早读的时候我向他提问说王维的名句“人闲桂花落，夜静春山空”有问题，因为桂花不是春天开的。他当时也无解，于是答应我回去查资料第二天告诉我。原来“桂花”乃“桂华”之误，指的是月亮。他治学之严谨，可见一斑。他鼓励我看“闲书”，说我们班上作文写得非常好的两个人，都是闲书看得多，阅读量大的，一个是何伟，一个是余洁（哈哈，估计这俩原来都以为上课看闲书老师不知道啊）。于是，我在那时候阅读了许多世界名著。

LIGHT THE WISDOM

教育魔方五

唤起学生的求知欲望

教师不仅手中有‘本’，而且目中有‘人’，讲‘课’具有审美价值，听课洋溢审美情趣。

黄冈中学前校长 陈鼎常

黄冈中学追求的是一种充满诗意的教育，把握的是一个从容恬淡的过程，提倡的是春风化雨般的感化，而不是疾风暴雨式地灌输。让学生的个性和特长得到发展，而不是千人一面的雕琢。

黄冈中学前校长 陈鼎常

教育就是不断地激励，激发学生的学习激情和强烈的求知欲，让每一位学生都能把自己的最大潜能发挥出来。

黄冈中学前校长 陈鼎常

开发学生智力，培养学生能力，比向学生传授知识更为重要。

黄冈中学教师 张齐宇

求知欲，好奇心——这是人的永恒的，不可改变的特性。哪里没有求知欲，哪里便没有学校。

——苏霍姆林斯基

最好的学习动机，是学生对材料有内在的兴趣。

——布鲁纳

教育艺术的本质不在于传授，而在于激励、唤醒和鼓舞。

——第斯多惠

教之而不受，虽强告之无益。譬之以水投石，必不纳也，今夫石田虽水润沃，其干可立待者，以其不纳故也。

——张载

问题不在于教他各种学问，而在于培养他爱好学问的兴趣，而且在这种兴趣充分增长起来的时候，教他以研究学问的方法。

——卢梭

“我们是引导、唤起学生的求知欲望”

黄冈中学是有的人说的“苦行僧”式的学习吗？经过了解，发现并不是这样，黄冈中学十分注重激发学生的学习兴趣。当学生对学习产生了浓厚的兴趣时，学习已经不是一件苦差事了，而是乐趣！ 2007 年黄冈中学时任校长陈鼎常在“全国基础教育·黄冈论坛”开幕式上特别就此做了重点介绍：

黄冈中学首先突破了教材——教参——学生这一固定的程序和模式，别具匠心地‘分解’教材、‘重组’教学内容，理科实验班按‘校本教材’进行教学。教师不仅手中有‘本’，而且目中有‘人’，讲‘课’具有审美价值，听课洋溢审美情趣。

对传统的教学方法，黄冈中学因时而变，实行改革，使教学更具有针对性，善于把学生的错误‘挤’出来；更具有直观性，能把抽象的思维过程形象化；更具有启发性，能再现问题的探索过程。黄冈中学追求的是一种充满诗意的教育，把握的是一个从容恬淡的过程，提倡的是春风化雨般的感化，而不是疾风暴雨式地灌输。让学生的个性和特长得到发展，而不是千人一面的雕琢。

求知欲越强烈掌握新知识越快，认识也会越深刻、理解越透彻，从而激发学生在实践中的运用，正如教育家夸美纽斯所喻：一个饥肠辘辘的人吃食物，立刻可以把食物加以消化，容易把它变成血肉，而如果一个人没有食欲，却又被强迫去吃食物，结果只能是疾病与呕吐，至少也是不消化、不痛快。“外因是变化的条件，内因是变化的根据，外因必须通过内因而起作用”。要从根本上改变“苦学”状况，必须激发学生的求知欲望，充分调动学生学习的积极性、主动性。如果学生对待学习生活，时时能保持一种积极向上的心态、事事都能投入充沛旺盛的精力，那么越是多种多样、系统完整的内容，越能给他带来学习的充实和快乐，越是艰巨困难和富有挑战性的任务，就越能为他成就生活的幸福和安慰。

爱因斯坦说过："兴趣是最好的老师。"爱因斯坦是继伽利略、牛顿以后最伟大的物理学家，他在现代物理学和社会政治方面的贡献是不言而喻的。那么，爱因斯坦是怎样走上科学道路的呢？他自己回忆，在五岁时，父亲送给他一个指南针。他看见指南针里面的针会自己转，总是指向同一个方向，就觉得非常神奇。他感觉里面一定有一个秘密等着他去找出来。这样的例子特别多，牛顿因为苹果掉在头上而好奇；爱迪生因为问老师"1加1为什么等于2"而被退学。可以说，保持不灭的好奇心才可能创造伟大的成就。

如何引导学生是很重要的环节。
——龚霞玲

爱因斯坦在教育方面也有着许多真知灼见。他认为，要发展学生的能力，要求教师不仅要对课程设置和教学方法进行改革，还要培养学生的好奇心、好胜心，以及积极进取的自信心。如果在这方面的工作很成功，那么学校就会受到"成长中的一代的高度尊敬"，学校"所规定的作业就会被当作一种礼物来领受"，学生就会"期望得到赞许和尊敬"，从而追求生存的价值，推动社会的进步。

爱因斯坦还特别指出，神圣的好奇心是一颗非常脆弱的嫩苗，很容易被扼杀掉。其实，好奇心被扼杀掉，最大的敌人是功利心。在现实教育体制下，"以考试论成败"致使不少学校不得不强迫学生学习。

著名社会学家潘光旦有一种"自由教育"的理念。他认为："自由的教育是与'填鸭子'的过程恰好相反的一种过程。自由的教育不是'受'的，也不应当有人'施'。自由的教育是'自求'的，从事于教育工作的人只应当有一个责任，就是在青年自求的过程中加以辅助，使自求于前，而自得于后。大抵真能自求者必能自得，而不能自求者终于不得。'自求多福'的话见于《诗》、《传》、《孟子》。孟子又一再说到'自得'的重要，政治之于民众如此，教育之于学生更得如此。孟子'勿揠苗助长'的政教学说也由此而来。先秦学人论教育，只言学，不大言教，更绝口不言训，也是这层道理。"

陈鼎常校长在谈到"强迫学生参加学习"时表示，要想取得好的成绩，绝不是几套题的问题，也不是课教得怎么好的问题。"我们不强迫学生学习，而且强迫学生学习效果也不会很好"；"我们是引导，唤起学生的求知欲望"；"学习不能只靠外因，还要靠内因；前进不仅要靠外力，还要自己努力"；"学习不仅仅是任务，也是一种兴趣；不仅是付出，也是一种享受。听老师讲课，可以欣赏美；独立完成作业，可以创造美。这样的学习，才能找到感觉，才会产生成就感。这是一种境界，也是一种高度。‘居高声自远’，居高临下，学习效率会更高，效果会更好。”陈校长的讲话给人感触颇多。陈校长凭借自己多年的教学经验和对教育的理解阐述了深刻的教育思想、教育理念。他说：教育就是不断地激励，激发学生的学习激情和强烈的求知欲，让每一位学生都能把自己的最大潜能发挥出来。

陈校长一向认为老师备课不能照搬照抄，讲课不能炒现饭，学生要学会独立思考，老师要有独立的思想，做一个有思想的教师。他自己在讲课中就是这样要求自己，讲课不愿“炒现饭”，辅导资料也经常推陈出新。班上那些“尖子生”，书翻破了好几本，本子做了几十个，给他们吃“剩馍馍”是不行的。为讲好一节课，往往要收集许多新资料，要花好几节课乃至更长的时间准备。批改作业他也从不马虎，从中发现好的思路加以推广，发现隐蔽的错误立刻加以纠正。他喜欢钻研教学艺术，形成了独特的教学风格。讲课具有针对性，善于把学生的错误“挤出来”；具有直观性，能把抽象的思维过程形象化；富于启发性，能再现问题的探索过程。讲课干脆利落，生动幽默。他追求一种“返璞归真”的教学艺术境界，让学生在潜移默化中受到教育。

陈校长还十分形象地打比方说，将教师的教学比喻摘桃子，教学若是过于简单，学生的感受就像桃树长得太矮，伸手就能摘下桃子，会很随意。教师讲得太深，学生听不懂，就像桃树长得太高，学生摘不下这个桃子，他也就不想摘了。

龚霞玲老师也谈到，如何引导学生是很重要的环节。她谈到，只有正确的引导，学生才不会偏离方向，只有正确的引导，学生才会有兴趣去探索、去钻研他期望掌握的知识，只有正确的引导，学生才不会有畏难情绪。所以教师的教学要恰当，使学生觉得有兴趣，经过自己的努力能理解或能做到，学生才会去努力地争取。教师的课堂教学对这批学生来讲，既要有吸引力又要有激励性，吸引他们学习和研究物理，激励他们去解决物理学中的一些问题。我曾经说过，我们不能把学生从游戏中吸引到课堂上来，是教师的失职，其实玩游戏的学生是很聪明的，为什么我们就不能将其兴趣转移到研究和探究自然现象中来呢？玩游戏要动脑，赢了有胜利的喜悦，失败了有再战的热情，为什么就不能转移到学习上来呢？就有这样一个学生，他特别爱玩游戏，有一天他突然明白了玩游戏没有什么意思，而将兴趣转向物理，居然进了国家集训队。

黄冈中学校友，青年科学家、复旦大学生命科学院常务副院长钟扬尽管在黄冈中学的求学经历只有一年，但钟扬认为这一年是自己学习生涯中的黄金时期。正是在这一阶段对数学、物理等基础学科充满兴趣，并打下扎实的基础，为以后选择生物信息学这一研究方向奠定了根基。

黄冈中学2004届毕业进入北大的何宁记录的一段经历，可以一窥这所学校教学的风格：“高二的一年之中比较有纪念价值的可能是去英山县吴家山搞了一次‘研究性学习’。地理老师周益新亲自拿着大喇叭指着告诉我们哪里是典型的背斜，哪里是典型的向斜，哪里是分水岭……杜家平老师手把手地教我怎样根据太阳和影子的位置判断东南西北，告诉我什么地方宜建水库，告诉我梯田相当于等高线，让我们根据具体的山脉画地形图，教我们根据山的向阳和背阳来分析植被的分布，给我们讲吴家山山腰上云雾形成的原因，让我们收集各种各样的石头分析它们的组成成分，告诉我们怎样分辨花岗岩和玄武岩，石英和云母，给我们讲风化作用和流水的侵蚀、搬运、堆积作用（后来我们考试时还结合这次活动考了20分的题目，可见学校还是比较注意理论联系实际的）……我还第一次洗了温泉浴，我们还在吴家山顶搞了一场篝火晚会，清风明月虫鸣泉声之中我们度过了一个愉快的夜晚。”

“只是从这时起，我才知道什么是英语课，似乎从前四年英语都是白学的了”。何宁如此评价他的英语老师熊老师。“熊老师是从高二开始教我们的英语课的，他讲课耐心而详细，举例经典而实用，句句一针见血。特别是听他讲作文，那简直是一种享受。熊老师胖胖的有点可爱，喜欢留平头，私下我们倾向于称他‘Mr.Bear’。他唱歌特别好听，元旦晚会上他的演唱赢得了疯狂的掌声。他曾经亲自教我们唱过《忘忧草》和《THE ANSWER IS IN THE WIND》，那是我高中阶段听过的最好听的歌”。

黄冈中学地理老师张齐宇认为：“应该摆脱传统的单一的灌输知识为主的教学模式，让教师的主导作用学生的主体作用能够充分发挥，激励和调动学生内在的学习动力。”“开发学生智力，培养学生能力，比向学生传授知识更为重要。地理教学中，教师不仅要教给学生丰富的地理知识，而且更要教会学生运用正确观点去思考现实问题，要充分调动学生的思维，去想象，去分析。”

就地理课而言，张齐宇老师分析说：“地理教材是学生认识祖国的向导，了解世界的窗口。涉及的范围广，可通过有趣的地理知识、历史文化名城、风景名胜等激起学生学习的情趣。可结合课本中的内容，适当穿插乡土地理的教学，掌握所在地的农业、工业、城市的发展现状。如黄黄公路、鄂黄长江大桥的建设、京九线的开通、湖北明星村——蕲春九棵松村乡镇企业的发展、黄冈电厂等，既用了所学的理论，又使课堂教学生动具体，调动了学生思维的积极性。”2004届学生袁晶对他的上课风格印象深刻，“张老师上课十分幽默，我们经常笑得前仰后合，他也总是拿身边的例子来讲地理，让我这个对地理十分头痛的学生也开始爱上了地理。”

袁晶还为语文老师倪哲先的讲课艺术所折服。她这样写道：“他年纪比较大，说话用方言，上课特别有趣，因此我们都尊敬地称他为‘倪爹爹’，这一称呼可饱含着我们对倪老师无尽的爱戴啊！倪老师是特级教师，讲课十分有经验，尤其是小说和文言文，讲得十分精彩。用同学的话来说就是‘享受’。我至今仍记得听倪老师讲《红楼梦》分析人物角色时的情景，这本书我看过两次，自以为对人物性格把握得不错，但是听了倪老师的课后，我顿时为自己肤浅的理解感到惭愧，为倪老师的精彩见解所折服。”

对历史老师戴老师袁晶也是印象深刻。她评价说：“绝对是性情中人，在讲中国近代史时，面对近代列强的种种罪行，尽管已近退休的年龄，他仍然会不自觉地激动起来，心里的怒火会蔓延到脸上。同时谆谆教导我们要牢记历史、发愤图强，不要让历史重演。毕业后，我们同学聚会，谈到戴老师，我们都感叹上他的课就是上了一堂爱国主义课。的确如此，上了戴老师的课我们更深刻地体会到我们读书不仅仅是为了自己，更是为了国家，这不是空话大话，而是每一个年轻人义不容辞的责任。”

黄冈中学英语老师蔡新辅导学生竞赛多人次获国家级奖励，所带高三毕业班成绩优异，多人次总分列全省前茅。蔡新认为最能调动学生学习积极性的老师是最好的老师。学生评价他“每次讲课都冒出无数冷笑话”：

“你们译‘失败’译‘lie down’，失败要可以躺下来，那成功还可以站起来哪！”

“有同学说，I want to go to Tsinghua University. 难道你爹是清华校长，你想去就去啊？表期望要用‘would like to’！”

“首先‘catch up with’，然后才能‘keep up with’，先赶上追上，然后就比翼双飞了。（我们猜想他是要说‘并驾齐驱’）”

“手插在口袋里，你前面用‘hands’，后面用‘pocket’，难道你两只手插在一个口袋里？”

2001年9月进入黄冈中学，2004年8月进入清华大学电子工程系学习的夏浩到现在还对他们高一时的化学老师——陈晓锋老师上的第一堂课记忆犹新。他回忆说：“第一节课的内容是评讲入学考试的试卷，因为考的题目都是些竞赛题目，再加上暑期没有复习，所以大家考得都不怎么好，我尽管考了个满分，但是很多答案都是蒙的，所以大家上课前都很紧张。谁知，当老师进教室时，大家都情不自禁地笑了。因为他脸上始终带着孩子似的微笑，还不停地向我们挥手致意。这样一来大家就放松了，他就开始上课了，谁知他上课更是神奇，他面带微笑，这么多没学过的难理解的知识点他用几句话轻松地解释清楚了，真有点‘谈笑间樯橹灰飞烟灭’的感觉，下课时大家不约而同地对他报以经久不息的掌声！有这样的好老师我不爱化学也难了！”

黄冈中学学生的经验分享

“讲得真精彩，像《百家讲坛》似的”

这是一位学生的文章，里面可以感受得到她对老师的教学艺术的高度评价。写得非常感人。

最后一课

——致倪哲先老师

黄冈中学寒雪儿

“上课！”

我晃晃悠悠从座位上站起来，含混地说“老师好！”嘴里还有没嚼完的早饭，语文书下面摊的是数学作业。昨天晚上各班举办元旦文艺晚会，我们太兴奋了，作业一个字没动。造成的后果是，今天早晨我们必须与作业展开一场拉锯战。谁知道！我的数学本子在昨晚的混乱中弄丢了！一下早自习我就冲去超市买本子，又百米冲刺到教室，袖子一抡，投身艰苦的革命事业中！

偏偏现在上课了，我的数学作业没做完不说，牛肉包子也没吃完。

倪老师说：“《项链》一节课讲不完，后面要学《红楼梦》的节选，今天我就给你们讲一讲《红楼梦》。”

全班都欢呼起来。看来小红学迷还真不少！

“《红楼梦》向我们展现了封建社会王公贵族极其奢侈的生活……”

“$\because AB\perp\alpha$，$CD\perp\alpha$，$\therefore AB\parallel CD$……”

肚子好饿啊！

“在《红楼梦》之前也有很多人写爱情故事，但是没有哪一个有这种高度……贾宝玉和林黛玉不是才子配佳人，他们俩都有反抗封建礼教的思想，可以说，贾宝玉有初步的民主思想……”

“假设AB和MN是共面直线……”

我们学校食堂的牛肉包子果然好吃！

“其中有许多的手法. 例如在刻画王熙凤时……”

“这与BC和MN是异面直线矛盾，故原命题成立……”

牛奶也这么好喝——Sue, 谢谢你帮我带早饭。

一看手表，我的天啊！这节课我就躲在高高垒起的书后面又是做作业又是吃又是喝混过去了。这恐怕是高二以来我第一次这么不认真听语文课吧。这个时候爹爹讲完了，全班响起热烈的掌声。不愧是看了七遍原著的啊，理解得真透彻！龚凌蔚说他讲得真精彩，像《百家讲坛》似的，我就很高兴地哼起《百家讲坛》的音乐来。有这么一个好语文老师，真是幸福呀！

“元旦过后，你们的语文老师陈老师产假结束了，就由她带你们……”我们正笑着呢，听到倪爹爹说这句，大家都蒙了，有人喊道：“什么陈老师？搞错了吧？”接下来的话，大概没有谁听清楚了。

还没能等我们回过神来，爹爹走了！

我们这才明白事情原来是怎么一回事，这就是说，爹爹不能再带我们了吗?

我突然领悟到，这是他的最后一节课！那么，这节课我都在干什么？！

语文早自习。我大声地读书，手里抱着词典。爹爹走过来，停下了，说：“语文不是要去圈什么ABCD，那些题做多了没多大价值。语文就是要读书，广泛地阅读。不管你读不读得懂，多读！”

爹爹讲《陈情表》中“慈父见背”的时候，一遍又一遍地问“见”是什么意思。可台下一双双眼睛溢满了迷茫，有的甚至睡眼惺忪。爹爹弯下腰，拿了一根粉笔，在黑板上用力写着“所指的对象自己”，手指敲着黑板，无可奈何地说：“记下来啊。这个字的用法我讲了多少遍了，你们还是不听。手把手地教都听不进去，叫我怎么教呢？”

作文评讲课。这次作文写的是议论文《放弃与追求》。同学们的作文本都发下来了，唯独我没有。我去找语文课代表，他说我的本子被爹爹留着了。我的心顿时被提了起来似的，我在议论文方面确实差强人意。这次不会被他当反面教材吧？爹爹终于把前面的理论知识讲完了，我在紧张不安中听了大半节课。接着我听到他说："下面念一篇我认为写得比较好的一篇作文。"那个时候，我的心突然又放了下去，在我身体内安稳而伏贴，像是被人扔进了蜜罐子，软软腻腻的。要知道，爹爹很少表扬同学的作文呀！这次，我竟然得到了他的赞许！哈哈哈……谁要是不让我笑，谁就会被我丢进扬子江里！

爹爹讲课一向很快，然而讲《纪念刘和珍君》，他花了好几节课。谁讲鲁迅的文章能够比他更好呢？像是文言文似的，一句话一句话地讲。我们竖起耳朵仔细听。从前我们总不理解鲁迅的文章，资料书上的讲解看了好几遍都不懂。偏偏一册教材里至少有一篇鲁迅的文章，有的达到两三篇，考试又喜欢考。我们就对鲁迅的文章产生了厌恶感，语言太艰涩难懂了！然而爹爹讲完《纪》后，全班都感叹，鲁迅的文章写得真是好啊！句句有深意，词词炼得好。话中有话，批判社会不带一个黑字！爹爹真是讲得好啊！他怎么理解得那么深刻，讲解得又那么到位呢？自从那次，我们被爹爹的讲课艺术感染了！

到了《药》，更不用说那精彩了。班上同学都说，以前学一篇小说，从来没有做过这么多的笔记。一句景物描写，一个动作描写，都有独特的意义。自己读根本无法读出来，恨不得把书上都写满。我翻开书，满满的三色笔记。后面的《红楼梦》，后面鲁迅的文章，谁来讲呢？即使来讲，谁会讲得有这么明白呢？

想到这里，我的视线模糊了。

开学以来，我们写了许多周记。可是，爹爹总是只写简单的一两句评语，而且大部分是指出缺点所在，很少写表扬鼓励的话。为此，班上的同学很不满。再怎么辛苦写的，得来的总是"糟糕透了"。有的人干脆懒得写，寥寥草草几笔完事。而我每个周末回家，什么作业都不做，只写当周的周记。即便这样，我得到的也总是批评。然而，上个星期的周记，爹爹却在上面写着"有如此巧妙的构思，如此好的文笔，不错"，我甚至不敢相信那是爹爹写的话。爹爹还说"再坚持一年半，革命事业就要成功了"，可是，可是，接下来的一年半，爹爹却不能陪我们走过了吗？

我还没有掉眼泪的时候，周围已经成了泪水的汪洋泽国。前座的张萌哭得那么伤心，

那么伤心，看着她红红的眼眶，我忍不住低下了头，龚凌蔚也在扯卫生纸，一阵手忙脚乱。

英语课上了，全班还没有从沉痛中抽离出来。英语老师明白了是怎么一回事。她说“I’m very sorry to hear that. I don’t know what to do. Perhaps you can write a letter to your chinese teacher or headmaster.”接下来的英语课，大脑沉沉的，什么也听不进去。

一下课，屈小雨和占普梅组织全班签名，希望倪爹爹留下来。二三十人带着两张纸一起去二楼语文办公室找爹爹。半路上碰到了他，看到这么多人红着眼睛，有的女生已经泣不成声，他很感动，说了一句“我爱你们，我会继续教你们的”，大家一听这句话，激动起来，哭得更伤心了。

回到教室，他在讲台上说：“大家别哭，我会带你们到高三的。”全班都欢呼起来。真是失而复得啊！看来一定要勇于争取！

中午的心情一直很好，谁知到了下午，又来了一个波折。下午政治课，班主任说：“倪老师是一定要走的。他儿子和儿媳妇在广州工作，一个星期才能回一次家。家里有个孙子要上学，倪老师要过去照顾孙子。他要走了，我和你们一样，心情很沉重。如果说黄冈中学是一个品牌，那么倪老师是品牌中的品牌。他是我们黄高的一位泰斗。”

“你们不要再到语文办公室了，这样造成的影响不好，陈老师看到了会怎么想呢？她会觉得我们班不喜欢她，不接受她，影响到接下来的教学工作，受害的是你们自己。你们喜欢倪老师的心情我可以理解，你们可以私下跟他沟通感情。但是，倪老师不可能再教我们了。这位陈老师也很好，历年高考成绩不错，你们要相信我。”

这番话简直是给刚刚放晴的天空又来了一个响亮的霹雳。全班叫起来，难过染遍了教室里沉闷的空气。元旦假过后，倪老师真的不能来了。上午的话，原来只是他骗我们，安慰我们的。可是善意的谎言啊，我们真的接受不了。宁愿不要出现这样的一波三折。

现在，倪老先生或许已经踏上了前往广州的旅途。我们后来了解到，倪老先生的毕业学校是武汉大学，在他的那个年代，这是多么不容易啊！黄高的4个特殊班，是他在当语文组组长时建议学校开设的。倪老先生为黄高做出了相当的贡献。其实他已经退休了，但是陈老师请产假，他被返聘了回来，现在，他要回去了。

陶琪说：“我想到电影里有一句台词：爱他，就要让他幸福。”若放在平时，我们的鸡皮疙瘩会掉一地。但是今天，谁都没有认为这句话肉麻。老师年纪大了，起早摸黑地往返于新老校区之间，中午不能回家只能跟我们一起在食堂里吃。冬天来了，天气这么冷，一个老人还要顶着凛冽的寒风赶来上早自习。如果去他儿子那儿，即使照顾孙子，也比教书轻松得多。况且，我们平时那么不听话，他操了多少心啊！想起他讲一篇文言文时说，人到老了，就希望有个人端茶送水。这大概也是他的心愿吧！况且他的孙子没人照看，我们不能那么自私，硬要把他留下来。

下午放假了，同学们都趁早回家。我要等朋友，留了下来。教室里只剩下几个人，XJ和小雨都哭得很伤心。我很少看到XJ哭，哭得脸涨得通红。她说她第一次这么喜欢一个老师，小雨说她不想再听语文课了。我坐在她身边，一边写周记，一边想，这篇周记写了，给谁看呢？

我们本来无缘听倪老先生的课，领略他语文教学的艺术。虽然他只教了我们半个学期，我们仍感到如此幸运。倪老师，高二（6）班衷心祝福您！

上好一堂课 =“演”好一堂课

黄冈中学的曹玉珍老师在介绍她的教学体会时说：“一名演员的表演成功与否，不单是看他的形体如何漂亮，更要看他的演技是否娴熟，是否让自己所演的角色形象留在观众心中。一位英语教师的教育教学成功与否，不单是看他的英语口语如何流利，也要看他的教法是否高明，是否能让自己所授内容深刻地留在学生的脑海里。”她形象地说，“上一堂课可以说是‘演’一堂课”。

曹玉珍专门就初中英语教学谈了她的经验：

一、分析研究初中学生心理特征。初中学生形象思维优于逻辑思维，对直观性事物比较敏感而不乐意接受纯理性的说教。教师要想提高课堂教学效果，就要利用“演”来使学生从“有意记忆”转化为“无意记忆”。实践证明，填鸭式有意记忆必将被兴趣式的无意记忆所代替。

二、坚持使用实物教具，使教学内容具有直观性。如果说故事情节是一出戏的软件，那么实物教具则是用以表情达意的硬件，软件与硬件缺一不可。英语课堂教学中，亦少不得教具，教具使用得当，会使一堂课内容直观，从而提高课堂效果。一堂课集故事性与趣味性于一体，又给学生留下了大量的思维空间，使学生能很好地主动地去学习，提高了他们的听、说能力。

三、启动生活中的情感因素，使教学内容具有生动性。三岁小女看电视，一边看一边吃吃地笑，对于只识“上下大中”四个字的小孩，能看懂什么？他竟然看懂了，是赵丽蓉演的小品。于是我思忖，用最通俗、最简单的语言，用贴近人们实际生活的内容最能启以情感。

四、注意课堂教学中的蒙太奇，保持教学内容的完整性。蒙太奇是电影剪接技术。英语课堂教学中的剪接即是教学内容之间的衔接与过渡。内容与内容之间过渡得好，衔接得自然，这一堂课便是完整的一堂课，否则显得支离破碎，以至不知所云。

五、适时对板书来一个特写镜头，突出教学内容的重点。教师们最常用的强化记忆法莫过于写黑板，这是课堂教学中不可忽视的一块领地。而有的教师把重点内容写在黑板上了，至于学生的注意程度如何，则不敢肯定，因为老师一直站在黑板的前面——舞台的中央——主角的位置 舍不得放弃，这是不行的。老师在上完一堂课后，应退出舞台，指着黑板，说：Look at this blackboard，让学生的眼中只有板书而不再有老师。这，就是特写。

总之，上好一堂课就是要“演”好一堂课，有时教师是主角，有时教师是配角，有时教师啥角色也不是，只是一个导演。因此，作为一名教师，一定要有全面的素质，还要不断地学习，充实自己提高自己，使每一堂课都“演”到最好。

黄冈中学名师的经验分享

如何唤起学生的求知欲望？

曹衍清，黄冈中学前校长

废除注入式教学，实行启发式教学，是学生智力发展的重要条件。注入式教学不顾学生认识过程的客观规律，无视学生的理解能力和知识水平，教师主观决定教学进程，把现成的知识灌输给学生，严重阻碍了学生的智力发展。启发式教学则是根据学生认识的客观规律，从学生实际出发设计教学程序，激发学生内在的学习动力，充分调动学习主动性积极性，引导学生动脑、动手、动口，自觉地获取知识。启发式思想提出由来已久，我国古代教育家孔子最早创导此法，古希腊思想家苏格拉底也运用回答法启发独立思考。但是传统启发式受到理论和实践的局限，很难充分发挥启发作用，如理论脱离实际，教学上形式主义的东西较多，教学阶段程式化等，在教学中，仍以教师为中心。20 世纪 50 年代以来，出现了许多新的教学法，如西德的“范例教学法”（通过范例内容的讲授，使学生达到举一反三，掌握同一类知识的规律的方法），布鲁纳的“发现法”（培养学生独立思考，发展探究性思维为目标，以基本材料为内容，使学生自己成为发现者），赞可夫的教学法（强调教学过程在于激发学生学习的内部诱因，唤起学生蕴藏在心灵深处渴求知识的愿望，积极主动的学习）等。这些教学法统称为“现代启发式教学法”，其共同特征是：重视学生的主体作用，重视学法研究与指导、重视培养创造力。

陈鼎常，黄冈中学前校长

如何唤起学生的求知欲望：

第一，是观念更新，我们不是按照一个模式培养学生。我们学校的课外活动种类繁多，我举一个例子，黄冈中学的学生能够在亚运会上夺得金牌，这就不是我们按照一个模式培养出来的，也可能这个学生去参加考试，成绩不是十分的优秀，但是他在某一个方面有特长，我们就发展他的特长。

第二，我们不认为听话的学生就是一个好学生。我觉得学生还是应该有一点豪气，这样才能干一番事业，对学生我们不提倡，不要求，不应该横挑鼻子竖挑眼，把他们的棱角磨平，锐气消净了，这是我们一个观念的更新。

第三，是方法的创新。我们不强迫，而学生爱学习是什么原因？方法的创新。一个是教学的“直观性”，计算机辅助教学，能够一层一层地把道理抽离出来，让学生非常形象、生动地感受。一个是探索性，我们不提倡急风暴雨的办法，而提倡和风细雨的滋润，这样就能把学生的积极性调动起来，学生不是被迫的、被动地接受知识，而是主动地学习知识。再一个就是特异性。尽管我们在一些原则的问题上都是相同的，但是它的方法、风格可以不同，教学有法，法无定法，我们就是通过三“性”的改造，加上观念的更新，唤起学生的求知欲。

刘祥，黄冈中学前校长

教育的最高境界是人尽其才，让有艺术潜能的人成为艺术家，让有文学潜能的人成为文学家等，这要求教育工作者首先要尽早发现每一个被教育者存在何种潜能优势，其次，怎样用合理的方法激发这种潜能。

如何激发中学生的学习潜能？理念重于方法，世界观决定方法论，我们老师、家长和学生要相信人人都能学好，人人都具有学习潜能。这样，我们就会主动地、长期地去探究、激发学生的学习潜能，否则只能被动地、暂时模仿别人的方法，其效果自然大不相同。

不同的学生，其学习潜能还是具有差异性的，所以我们对激发学生学习潜能的效果要有一个客观、公正的预期值，要有一个长远的观点和平和的心态，不能过分追求短期效果，这样才能创造宽松和谐的环境，才能培养出具有健康心理和可持续发展的学生。

激发学生的学习潜能，方法可灵活多样，比如让学生感受到成功的喜悦，享受学习的乐趣，强化学生的学习行为等。兴趣和好奇是最原始的学习动力，目标与追求则是较为理性的学习动力，要启发学生对某些问题的兴趣与好奇，给学生树立一个目标，教会学生学习的基本方法就是：听懂、记住、练习、理解、运用。学习要有兴趣，而快乐是兴趣的根本。教师在整个教学过程中，分解教学目标，让学生逐步提高水平，学生能听懂并能完成练习，能解决问题，就会感到学习的快乐，才可能有学习的兴趣。对学习者的行为采取正强化（表扬与激励）远比采取负强化（批评与指责）重要得多，尤其是学生在学习过程中会遇到许多困难或挫折，激励与表扬更有利于学生坚持下去。

黄冈中学学生的经验分享

永远不强迫自己去学习

潘圣其，黄冈中学2013届毕业生，考入清华大学机械工程系。

学习兴趣的养成需要一种“满足感”，而这种满足感来源于两个方面。一方面，你学得好受到老师表扬、同学羡慕，这是外部因素；另一方面，通过学习，有了心灵的启迪与感悟，思想开了窍，或者说打通了“七经八脉”，获得了知识与技能，得到了智慧甘露的滋润。

夏浩，2001年9月进入黄冈中学，2004年8月进入清华大学电子工程系学习。

我的这一套，用李大钊先生的一句话来说就是“要学习就要认认真真地学，要玩就玩个痛快”。说得具体一点就是，永远不强迫自己去学习，永远不在没有效率的时候学习。我的高效率是同学们一致公认的，所以别看我平时玩得多，但我做的题目、掌握的知识绝对不会比别人少！

朱华亲，2001年进入黄冈中学，2004年以黄冈文科第一名的成绩考入北大。

当别班的老师埋怨学生交作文和周记爱拖拉时，我们班的学生在埋怨郭老师批改太慢，因为我们太想看看自己的评语。每周的作文课都是大家所喜爱和期待的，郭老师会读很多写得好的文章，说不定自己的周记或作文就会在其中。教室后面的黑板和墙上总是贴着密密麻麻的优秀作文，课余大家围得水泄不通，甚至有人见到好文章，情不自禁地大声朗读。我的作文是经常在其中的，当听到老师或同学的称赞，心里的高兴无法言表。而正是这种单纯的虚荣心理，加上年轻的激情、对新生活的兴致以及自身对写作的爱好，我们不顾一切地抒发着自己的思想，写对生活的感悟，写对时局的看法，写对邪恶的批判，写对美好的向往……好作文层出不穷。还记得那篇《钟情白开水》让我整整两个月没买过一瓶饮料，因为："我更钟情于八分钱一瓶的白开水。"每周的阅读课，大家显得特别兴奋，早早地跑到阅览室，读报，看杂志，作摘抄。我爱摘抄的习惯就是在那时养成的，这给我今后的作文带来了巨大的帮助。

依我之见，数学学习还有更重要的一点 -- 兴趣。我们在凭着勤奋和方法遨游学海之时，切莫忘记调整好"兴趣"这面帆。要努力培养自己的兴趣，时刻保持着好奇感，这一点于集烦琐与难度于一身的数学学习更为重要。比如，有时候做题做得腻了或遇到难题迟迟不能下手时，千万千万不要逼自己；这个时候，适当休息一下或换个科目，不是浪费时间也不是知难而退，是以退为进，是明智之举。

周朗，2001年进入黄冈中学。2004年考入北京大学。

也许是由于高一时学习太刻苦，在高二上学期，我产生了一种厌学情绪。每天来到教室以后，缺乏学习的动力。不想看书，不想做作业，心情非常烦躁。在这种情况下，我的学习成绩开始下降。我开始努力调整自己的心态，为此我做过许多努力，如不想看书时，做一下作业，作业不想做时，看看报纸杂志，转移自己的注意力。这样，经过一段时间的调整，我终于又恢复了学习的动力和热情。但同时我也养成了每天中午下午看报纸杂志的习惯，一直到现在。

要端正学习态度，最重要的是培养学习的兴趣和爱好。学习态度不应建立在痛苦的基础上，而应建立在快乐（起码应是感兴趣）的基础上。浓厚的学习兴趣是成功的良好开端，当一个人对学习有着浓厚的兴趣时，它就不再是枯燥而乏味的。当你徜徉在知识的海洋里时，你会感到是如此的兴奋和有趣，你会觉得学习是生命中不可缺少的事情。经常有这样的感觉：当被一道难题卡住通过思考解决时，就有"山重水复疑无路，柳暗花明又一村"的喜悦，学习的乐趣不正是如此吗？如果把学习当作是一种负担，当成是应付老师和家长的话，那么他的学习应该是很难成功的。

怎样培养对学习的兴趣呢？我认为首先要全身心地投入到学习中，发现并感觉到学习给我们带来的快乐、给我们带来的成就感。这样的话，我们就可以自豪地说："爱学习需要理由吗？"

张超 2001年进入黄冈中学，入选理科实验班，为数学竞赛组成员。曾获全国高中数学联合竞赛一等奖，中国数学奥林匹克竞赛三等奖，并入选冬令营，后保送到北京大学。

要注意学习兴趣的培养。极少人能够仅靠目标的动力而取得成功，只有兴趣才能使我们长久地坚持，为我们提供持久的动力。如何培养兴趣？要注意学习时设法体验成就感。我们可以根据自己的情况选择合适的资料及题目，自己通过解决题目来收获成功的快乐，还可以通过运用知识解决问题来体会知识的威力。通过这种渐渐积累的乐趣，我们就可以保持兴趣的长久，进步也随之长久。

LIGHT THE WISDOM

教育魔方六

深信“7-1＞7”的哲理

成天读书未必能读得好书，我们深信“7-1 > 7”的哲理。

黄冈中学前校长 陈鼎常

黄冈中学的教学，既不能是“时间加汗水”，也不能做华而不实的表面文章。既不能没有负担，也不能负担过重。我们没有提“轻负担、高质量”，也没有提“高负荷、高质量”，而是提出“合理负担与更高质量”。

黄冈中学前校长 陈鼎常

只有让学生不把全部时间都用在学习上，而留下许多自由支配的时间，他才能顺利地学习……（这）是教育过程的逻辑。

——苏霍姆林斯基

不能把小孩子的精神世界变成单纯学习知识。如果我们力求使儿童的全部精神力量都专注到功课上去，他的生活就会变得不堪忍受。他不仅应该是一个学生，而且首先应该是一个有多方面兴趣、要求和愿望的人。

——苏霍姆林斯基

成天读书未必能读得好书

广州日报：许多学校为了保证升学率，不断给学生课业“加码”，毕业班的学生更是辛苦。请问在黄冈中学的学生平时学习累不累？

陈鼎常：黄冈中学实施“人性化”管理。在中国，如果有哪所中小学说完全不顾忌中高考，必然不是真诚的，也是不现实的。但考试不是我们的目的，我们培养的不是考生，而是学生。问到我们的学生累不累，不同的学生有不同的感受。有的学生可能觉得学得很辛苦，好像是在“炼狱”，更多的学生觉得学得快乐，像在“天堂”。事实上黄冈中学既不是炼狱，也不是天堂，而是人境，既有苦也有乐。我们积极创造条件，让学生学并快乐着。

在现实环境下，我们重视考试，但不唯考试，办学要有社会责任感，要有良知，不能为了短期利益去牺牲学生的长远利益。我们高三毕业班星期天不补课。实际上，成天读书未必能读得好书，我们深信“7-1 > 7”的哲理。

这是黄冈中学前校长陈鼎常在一次接受《广州日报》采访时的对话。

陈校长说，黄冈中学重视高考，但不把高考作为唯一的目标，让学生顺其自然的发展。在教学方面，黄冈中学强调学生学习的主动性、连续性、可持续性。黄冈中学不主张晚上考试，在考试方面也不主张多考，而是主张少考、高质量的命题、细致的批改、认真评讲、考试少而精。“你们恐怕想不到吧？黄冈中学高三的寒假作业只发了三套题，而且还备注答案。”陈校长说，**“学校能设身处地地为同学着想，充分理解学生，充分相信学生。”**

> **星期六为开展第二课堂活动，充分发展学生个性特长的时间，未经教务处同意，教师不得进教室上课。**
>
> **——黄冈中学教学管理规定**

黄冈中学出台的一份内部文件规定：“两课三操”不达标，表彰先进时一票否决。“两课”是指体育课、课外活动，“三操”是指早操、课间操、眼保健操必须保证时间、保证质量。未达到以上规定的个人不能评先评优，班集体、年级不能评选先进单位。据了解，黄冈中学在上好体育课的同时，坚持每天开展课外体育活动，并将课外体育活动与体育竞赛相结合，每年定期举办校田径运动会、球类运动会、广播体操比赛，吸引全体学生积极参与。同时，学校坚持每天做早操、课间操、眼保健操（冬季早操为晨跑），校领导、班主任和体育教师共同参与管理，学生会干部负责检查考核，每次都进行评分，每周公布评分结果。通过这些举措，有效地激励同学们积极参加体育锻炼，每天坚持1小时，收到良好的锻炼效果，形成了“师生同练、师生同乐”的热闹场面。

黄冈中学一位校友以“弦歌”这一网名在她的博客里写道：“记得母校每届学生足球队，都是同学们跨班跨年级自由组合成立的，它们有着在学生看来很‘酷’的名字，比如‘阿帕奇’队、‘北极星’队、‘UFO’队等等，每年学生会体育部组织承办‘俱乐部杯足球赛’，一赛就是两个月，这是校园的盛事。”

2011年考入中国科技大学的王与麟回忆说：“当时我们除了普通的数理化生政史地外，还有两门课我蛮感兴趣的：工程制图和美术鉴赏”。学校开这两门课，即使只有一学期，我认为也是大有裨益的，不止在于让我们在学习生活中得以放松，还在于开阔了视野。”

曾鹏2001年保送到黄冈中学，高三时获得物理竞赛全国决赛二等奖，后保送到北京大学。回忆高中生活时，他说：“黄冈中学的作息时间安排比较合理，早上6点多起床，晚上9点多就下了自习，中间还有很长的午休时间，使我们以最好的状态去学习，这样才能效率高。我每天的学习时间也不是很长，一般都按照作息时间来，不会起很早或是熬到很晚。据我所知，许多外地的学校自习时间都安排得很晚，往往都10点多才放学，这样就只会把学生搞得筋疲力尽。很多人觉得高三的学习生活是非常枯燥无趣的，当时我们班最流行的放松方法是踢足球，每当体育课或是周末，我们就会一呼百应地聚在一起踢足球。通过踢足球这种方式可以释放学习带来的抑郁感，而且使我们的身心得到放松，有利于更快地恢复精神状态。后来我们班又流行起踢纸球，踢纸球不需要很大的场地不需要很多人，在下课之余，就能够踢几个来回。我们班自己组了好几个队，打联赛。我们在踢纸球中找到了乐趣，放松了自己”。

> **教师不得在晚自习下班辅导时限制学生的自学科目，不得以讲课代辅导。同时，教师应注重培养和提高学生的自学能力和科学合理支配时间的能力。**
> **——黄冈中学教学管理规定**

有句古希腊格言：“健全的心寓于健全的身”，看来，黄冈中学深谙其中的哲理。把体育和美育结合起来，让它们齐头并进，使受教育者的身心得到全面发展，才是教育的真谛。

在古希腊语中，“学校”一词的意思就是闲暇。在他们看来，到学校上学就意味着有充裕的闲暇，可以无所事事地沉思和辩论了。卢梭有一个观点：最重要的教育原则是不要爱惜时间，要浪费时间。他的道理是，误用光阴比虚掷光阴损失更大，教育错了的孩子比未受教育的孩子离智慧更远。现在的不少家长和老师唯恐孩子虚度光阴，逼着他们做无穷无尽的作业，不留一点儿玩耍时间。你想一下，卢梭的看似荒谬的观点多么有道理，这些作为不正是在逼迫孩子误用光阴吗？

学校为什么放假？著名的社会学家潘光旦 1930 年写了一篇文章《假期与知识生活的解放》，毫不客气地指出：学校的最大缺点，就是过于重视教材。“一种课本，少则读半年，多则读一年”，使学生“无一刻不在字里行间寻生活”，从而失去了自动研究的机会。他认为这种 “专读一书”的单调和痛苦，比八股文还要严重。正因为如此，潘光旦认为假期是每一个学生“解除痛苦恢复自由的上好机会”，可以去过一种独立自主的学习生活。他举例说，在自然知识方面，可以做一次有目的的远足，从事地质的观察和生物标本的采集；在社会知识方面，可以找一个小题目，然后利用图书馆的资料进行研究。类似的选择可能有很多很多。

黄冈中学当然不能完全脱离现实的教育背景，但是，他们给学生腾出让其自由发展的空间，当是明智之举。

给学生自由支配的时间

著名的教育家苏霍姆林斯基在其所著的《给教师的建议》一书中曾专门分析学生负担过重的症结在哪里。他指出：“我们感到，学龄中期特别是学龄后期学生的精神生活中的一大缺陷，就是他们被剥夺了一项巨大的财富——自由支配的时间，而自由支配的时间对于全面发展和形成他们的智力的、审美的兴趣和需要又是必不可少的。就连教学大纲规定的知识，实质上也没有用来达到全面发展——首先是智力发展的目的。孩子们获得的知识越来越多，但是他们的学习却不是变得越来越轻松，而是越来越艰难了。”学生需要思考的时间。苏霍姆林斯基认为“在深入思考的基础上识记，这在实质上就是知识的运用”，“学生的脑力劳动成为创造性的劳动，因而就变得轻松了。”想一想我们身边的大多数学校，早读要学生背书，上课要学生听讲，下课了留家庭作业，晚自习还在监督他们做作业，学生哪里有自己的“自由支配时间”。学生太累，原来有一个很重要的根源就是老师剥夺了他的“自由支配时间”这一财富！

黄冈中学非常重视对自习及课余时间的管理和利用。早自习 40 分钟，语文老师或英语老师全程管理督促。晚自习从星期天到星期五，都安排有相应的学科，科任老师到班辅导，以答疑为主，一般不讲课，目的是培养学生的自学能力和钻研精神；星期六晚上，在广场上放映优秀电影，既休息又娱乐，也长知识。早餐时间，学校大屏幕播放英语频道节目；下午课外活动时间，开放图书阅览室，拓展学生的知识和视野。

黄冈中学的教学，既不能是“时间加汗水”，也不能做华而不实的表面文章。既不能没有负担，也不能负担过重。我们没有提“轻负担、高质量”，也没有提“高负荷、高质量”，而是提出“合理负担与更高质量”。

——陈鼎常

一位黄冈中学的校友说：“黄冈中学教学时间非常合理，我以前上学的时候，到高三周六都不上晚自习，周日下午还放假，并且周末基本都是自习时间，学生都可以根据个人情况自主学习，学校很注意培养学生的自学能力，这点到大学后会很适用。”

“黄冈中学的教学模式是类似大学的，老师不会逼着你学，学校不会发一些乱七八糟的学习资料，总之你得自己学会学习。”

现在，黄冈中学的学习环境比较宽松，当地人都知道，和不少别的中学比较，它的上课和自习时间都是最短的。

2001 年进入黄冈中学，2004 年保送进北大的张超对母校的“自主性”印象深刻。“母校给我印象最深的一点是老师教学的灵活性，学习气氛的民主自主性，让我能更自由地汲取营养。没有老师整天轮班转占用时间，每天除了七节课外，所有的时间都可以作为自习时间。在这充裕的课余时间里，我学会了合理安排时间，学会了独立自主地去学习。我们可以根据自己的学习情况，分配适当的时间去补一补生疏的学科，可以用多余的精力去学习课外知识，加深对课本知识的理解。我也正是通过这种方法学完高中的数学竞赛内容，最终凭借数学上的突出成绩进入北京大学。”他表示，在这充裕的时间里他还学会了和同学研究问题，大家互相帮助，互相学习对方的优点。这种学习风气对他的影响很大，使他能很快适应大学里的完全自主的学习方式。

同是 2004 年考取清华大学的黄冈中学毕业生龚诚也表示，黄冈中学的一个特点就是自习的时间比较多。几乎每天都有大量的时间给学生自己安排。“我觉得这样很好，首先学习就是需要自己主动安排时间，而不是由教师强迫性地安排些学习任务。

在很多学校自习的时间都是安排老师去讲题，这样看起来好像老师讲课的时间多了许多，但是效果却并不明显。现在大学里，大部分都是要靠自己来自学，只有自己的学习能力强，才能够适应大学里的教学方法。剥夺学生自由支配学习时间的权利，无异于揠苗助长，对学生的成长没有好处。”

合理负担，更高质量

黄冈中学旨在通过加强学生的人文素养，积极探索高中阶段拔尖学生培养的新模式。

2015 年 5 月 23 日下午，一场别开生面的校训课程——“致远课程”在黄冈中学开讲，黄冈中学的历史教研组长熊银忠老师开讲的题目为《可爱的家乡——黄冈地方历史文化漫谈》。他从北宋大文豪苏东坡谈到黄冈中学的杰出校友、中共一大代表——董必武和包惠僧，谈古论今，纵横黄冈，细数鄂东这片神奇土地上的历史人物，讲述了黄冈自古以来人杰地灵的辉煌历史，鼓励理科生学习历史，学史可以看成败、鉴得失、知兴替，为树立远大的理想而不断读书。

2015年6月13日，湖北名师、特级教师和省人民政府专项津贴专家的周益新老师，开讲黄冈中学校训课程第五讲——“尚学课程”，他报告的主题为“身边的地理”。他从黄冈中学所在的地理位置讲起，讲述了新校区建筑布局的科学性，古城黄州远古时代的地理位置、风土人情和历史文化，黄冈中学老校园的地理历史故事，新校区校内文化石的地质学知识，他还从地理的角度论述了临皋亭和遗爱湖的历史由来，提出了“东坡赤壁为什么称作赤壁”，“龙王山上为什么会有鹅卵石”等地理问题，引导学生思考，讲座引人入胜，深受学生欢迎。

黄冈中学有一本学生撰写的反映他们社会实践活动成果的研究性学习论文集，论文集的书名叫《寻觅天地间》。论文集印刷精美，内容也极为丰富。文集共收集学生论文 95 篇，内容既涉及一些自然科学知识在现实生活中的应用，如“溜溜球中的物理学”、“测量新校区大门最高点”等；更多的是关于黄冈城乡社会经济发展现状的调查报告，例如：“关于遗爱湖水质现状的调查报告”、“我们离‘中等城市’还很远”、“关于黄州四年用电情况的调查报告”等。这些论文有数据、有对比，有结论、有建议，有联想、有思考，处处迸发中思想的光芒、智慧的火花。即使是让有知识阅历的成人们看看，也会掩卷沉思，感慨系之。

一边是高效的课堂和备考，一边抓学生的素质提高，就好像是一架马车上的两个轮子，相辅相成，相互促进，这也许就是黄冈中学久立不败的“法宝”。正是有了高效的课堂和备考的高效率，学生才有了更多的时间去开展各种各样的活动。而这些活动不仅开阔他们的眼界，更提高了他们的自身素质，让学习做到了真正的劳逸结合，促使学习效率提高。这是一个良性循环。陶行知曾经批判过“中国现在的教育是关门来干的，只有思想，没有行动的。教员们教死书，死教书，教书死；学生们读死书，死读书，读书死。所以这种教育是死的教育，不是行动的教育。”所以真正的好的教育应该让学生在学习的同时去行动，去实践和探索。只有行动，才能培养出有创造力的学生。

一位业内人士强调：“黄冈中学的今天，是多种因素合力的结果，教育这个东西不是像药一样，一个‘秘方’就能解决所有问题，凡是懂教育的都会懂这个道理。”这也就能够解释，为什么那么多人学黄冈，有些东西就是学不到，“因为这是一个长期积累的结果”。

黄冈中学学生的经验分享

轻松、快乐的中学生活

朱华亲，2001年进入黄冈中学，2004年以黄冈文科第一名的成绩考入北大。

高一的日子给我的印象很深刻。班主任姓郭，三十来岁，教语文，矮矮胖胖的，带着黑边眼镜，长得很有《红楼梦》中形容贾宝玉的那句话的意味儿：面如中秋之月，色如春晓之花。他的脸圆圆的，而且总呈现出健康精神的红色。郭老师是我见过的最好的语文老师，有激情，有文采，有内涵，有文人气质，知识渊博，讲课很投入。直到现在，我总觉得，自己无论是写作还是观察事物，分析问题，都受到了他很大的影响。开学不久后的一个周末，郭老师便把全班同学带到与学校仅一堤之隔的长江边上去玩。在沙滩上，我们没有了任何的顾忌和拘束，大家脱掉袜子，追逐嬉闹，踢球，唱歌，做游戏。郭老师还准备了一大堆的智力问答，模仿《开心辞典》的形式，让大家做，大家的答案千奇百怪，引来笑声不断。那个下午，至今回想起来，仍是那样的开心、惬意，一个女同学唱的那首《辣妹子》，至今让人回味无穷。

……高考一天一天地临近，模拟考也进行得差不多了。鉴于大家都有些紧张，为了缓和一下气氛，达到最好的竞技状态，班主任李老师和英语邓老师商量决定，带大家出去郊游一天。于是，所有的科任老师和大家一起乘大巴来到黄州郊区的农村，我们游山玩水，吃农家饭，拍照，看小孩子钓龙虾……度过了高三以来最轻松最快乐的一天。

夏浩，男，2001年9月进入黄冈中学，2004年8月进入清华大学电子工程系学习。

进入清华后，每当同学们谈起自己的高中生活，我总是感到特别的自豪。他们说自己每晚都是12：00睡觉，而我则能自豪地说我从来没有晚于11：00；他们为对电脑知识了解不多而烦恼时，我则凭借着高中时所学的电脑知识，如网页制作、BASIC语言、数据库等知识，能够比较轻松地掌握所学的知识；他们说由于高中时体育运动参加得不多，导致现在体育成绩不好时，我则能够自豪地告诉他们，我们高三时仍然经常组织足球比赛（一般是每周两次），现在在清华的体育考核中能够两项在A1班得第一名（我们清华体育课是400人的大班，按考核成绩高低分为A、B、C三等，每等又分为几级，1级是最好的）；每当他们说自从进入高中就很少有假期时，我则能自豪地告诉他们，我高中三年只有高二暑假时补过不到一个月的课，其他几个长假都玩得很爽……

李淑涓，黄冈中学87届校友，1991年毕业于西北工业大学，现任深州市康必达控制技术有限公司战略发展部经理。

好像很多人的眼里，黄高有多么严苛的学风，学校是多么变态的应试教育，学生生活在沉重铁幕里是多么少欢缺乐啊。连著名的北大教授孔庆东都发微博，说黄高是湖北第一监狱。造成这样的印象是因为有校友名西门吹雪者在报上发表对母校的声讨，全国有众多学校做黄冈试卷做到发疯，因为这些片面的言词而造成的扭曲，我是无话可说的。

我上黄高，是一九八四年。每周三晚自习前，文艺委员会教一首歌，全班同学齐声学唱。每周二和周四晚自习前，宣传委员读半小时报纸，后来每班配有电视机，都改为看新闻联播。每天下午17：00至17:30，全体学生都会被赶到操场去锻炼，教室里除了值日扫地的同学，不允许学生留在教室学习。每天早上全体学生集合在足球场统一做两遍广播体操，每天上午10：00，同样再做两遍，冬天有时全校师生跑步。所有课程没有不开的，历史、地理、音乐、体育，一样不少。我是刚刚洗掉泥巴上岸的农村学生，跟着音乐老师学习到了《彩云追月》、《渔光曲》等很多名曲，多年后我才知道，学习的那些曲调是多么高雅经典。

每学期我们都会被安排学工三天，一般是在校办工厂，跟着工人师傅学习做蜡模，工厂会给每个班级发工资，作为班级的活动经费。每学期都有体育运动会，每年元旦基本都有晚会，如果没有学校组织的，各班自己组织，热闹非凡。影响力最大的一次是学生会主席罗锐韧同学组织的篝火晚会，学生们穿上漂亮的衣服在篝火的照耀下跳圆舞曲，我觉得美极了。每月学校会组织同学们看电影，我是宣传委员，我们每周都要办板报评比，比的是特色，比的是文章和书法。每学年都要组织春游，我印象最深的是参观武汉大学和华中工学院，武汉大学的生物博物馆是我见过的最美妙的博物馆，我第一次看到狼和狈，还有豺、上千种蛇、鹰，还有各种动物的胚胎，太神奇了！还有华工的风洞实验室，要穿防尘服才能走进的计算机室，还有黄色的教授楼，我梦想着自己也有朝一日住进教授楼呢。现在好多同学都是著名的教授了，可我不是。

我们还有窗口文学社。我们那一届的社长是竞选出来的！经过淘汰，最后剩下势均力敌的两人：乐文和林莉。竞选的场面紧张、激烈，热情洋溢而又剑拔弩张，精彩的发言常常激起山呼海啸般的掌声。老实讲，若干年后在电视上看大学生辩论会，都没有社长竞选场面精彩，两位文采飞扬，能言善辩，最后男生乐文同学因为话语更加铿锵有力且准备充分而胜出。整个辩论过程中，林莉都不落下风，记得唯一难倒她的一个问题是你如何让窗口文学社生生不息地发展下去，意思就是如何让文学社能体面地生存下去。林莉显得准备不足，乐文却胸有成竹。最后乐文众望所归当选成为社长，他现在是人民日报社的某分社社长了。林莉后来读的是理科，至今仍是同学们津津乐道的才女。她发在微信群里的一篇南京同学聚会的小记，依然是清新诗意的文风，博得众同学的一致好评。

那时候琼瑶正流行，金庸、梁羽生的武侠剧大热，我们全体女生还中午一起听广播剧《萍踪侠影》，男生看武侠，女生看琼瑶，三毛也正当时，学习之余，似乎也没耽误看闲书。我们班有男生痴迷足球，号称四人帮，印象中他们每天都是汗流浃背满面赤红赶在老师之前跑进教室。聂卫平大战武官正树后，同学们流行在纸上画着下围棋，世界杯期间天天马拉多纳白贝利小贝利的，我是第一次听到这些新鲜的名字。蒙代尔和里根竞选总统的时候，我每天都为他们担着心呢。

LIGHT THE WISDOM

教育魔方七

让老师跳入题海，让学生跳出题海

黄冈中学的口号是“让老师跳入题海，让学生跳出题海”。如果说有“题海战术”的话，那也是针对老师而言的。学校鼓励老师们从经验型向智慧型转变，智慧型教师突破了“教材——教参——学生”的固定程序和模式，别具匠心地“分解”教材，“重组”教学内容。学校要求理科老师做“千题集”，并增加人文素养，要求文科老师写千字文，并建议青年教师写教学反思录。

黄冈中学前校长 陈鼎常

我们注重的是培养学生的能力，从每道题里面举一反三，要求学生做一道题要会做十道题，做十道题要会一百道题。

黄冈中学教师 刘折谷

黄冈中学在百年的发展中，积累了大量的学习资料，再经过不停地钻研琢磨，他们逐步形成了自己的试题库、资料馆。

黄冈中学学子 陈志平

好学是传染的，一人好学，可以染起许多人好学。就地位论，好学的教师最为重要。想有好学的学生，须有好学的先生。换句话说，要想学生学好，必须先生好学。唯有学而不厌的先生才能教出学而不厌的学生。

——陶行知

老师不辛苦，学生才辛苦

考试本身并无错，老外一样设置考试，比如考托福。然而，考试的目的，在于考学生学习的基础，掌握的原理。以题海轰炸之法，让教师逼迫学生在题海之中拼搏，做到知其然而不知其所以然，这就不是好的教育了，很可能走向反面。题海教育之术，不能说培养出来的一定就是庸才，但是只想到学习未及思考与消化，时间一久，到大学就忘光，却又失去了思考的培养以及健康的成长，这般教育着实得让人深思。也许你很想知道，升学率如此之高的黄冈中学，采取的是何种“题海战术”？升学率如此之高的黄冈中学，是不是惯用“题海战术”、“魔鬼训练”？

针对有人说黄冈中学高考的高升学率，培养的是“做题机器”的观点，黄冈中学前校长陈鼎常笑答：**“不要说‘做题机器’，就是培养成‘思考机器’、‘智能机器’我们都觉得不行。”**

陈校长指出，**黄冈中学的口号是“让老师跳入题海，让学生跳出题海”**。如果说有“题海战术”的话，那也是针对老师而言的。学校鼓励老师们从经验型向智慧型转变，智慧型教师突破了“教材——教参——学生”的固定程序和模式，别具匠心地“分解”教材，“重组”教学内容。学校要求理科老师做“千题集”，并增加人文素养，要求文科老师写千字文，并建议青年教师写教学反思录。王宪生老师认为这样能让教师深入下去，虽然教师很辛苦，但学生学起来会相对轻松。黄冈中学郑帆老师在一次接受采访时介绍，对于教学态度不佳、教学水平有待提高的老师，黄冈中学对其进行无声的惩罚。有一位年轻老师三个年级组都不愿意要，硬是在学校“挂”了半年，只有基本工资，没有课酬。

> **我们注重的是培养学生的能力，从每道题里面举一反三，要求学生做一道题要会做十道题，做十道题要会一百道题。**
>
> **——刘折谷**

我国著名文学理论家刘勰说：“操千曲而后晓声，观千剑而后识器。”意思是说要能懂得音乐，必须在练习一千支乐曲之后；要能识别剑器，必须在观察一千柄剑之后。黄冈中学认为，只有老师做题多，见识多，达到炉火纯青的境界，才能做到胸有成竹、融会贯通，应用于教学时，题型、例题才会信手拈来。“老师不辛苦，学生才辛苦”，所以，做一名合格的黄冈中学老师很不容易，很艰辛，很紧张。

谈到教学，黄冈中学前校长曹衍清最常说的一个词就是“有效教学”。他坚决反对“题海战术”，“这是教育者推卸责任的表现！有些教师将大量充斥市面上的劣质参考资料、复习资料信手拈来，敷衍了事。以学生之重负换了个人的轻松，这是典型的失职行为。”他认为，当老师在教学上肯于钻研，讲究方法，而不是简单地让学生死记硬背；当老师非常敬业、注重教学方法的时候，学生学得就会相对轻松一些，相反，教师投入的精力不足，学生要加倍投入才行。所以，老师如何教很关键。他认为老师应该自己编写符合我们学生特点的复习资料，有针对性地对学生进行训练，效率才有突破。每堂课老师讲多少、留多少时间给学生练习、什么阶段做什么，曹校长认为都有学问，如果老师替学生进行了知识精选，学生的学习效率自然就提高了。

2004年从黄冈中学考入清华大学的龚诚认为，黄冈中学教学的一个特别的特点是“我们在备考时用的几乎清一色是自己老师编写的资料。不像其他学校在复习时是用别的地方的资料。在黄冈中学，我们在复习时遇到问题时，如果解决不了，可以直接找到编写资料的老师，当面问清楚，这样就避免了很多麻烦。”

一位多年带高三的班主任介绍，为了不让学生泡题海，老师要主动跳进题海。学生每做一套题，都是老师亲自做10套题中选出来的。黄冈中学语文老师刘折谷说：我们注重的是培养学生的能力，从每道题里面举一反三，要求学生做一道题要会做十道题，做十道题要会一百道题。

讲求精讲精练

不搞“题海战术”，并不是否定学生做题的必要性。黄冈中学英语高级教师叶茂表示，我们反对题海战术，是反对那些设计低劣且大量重复，从语法到语法，从概念到概念的机械性练习题，反对不求甚解、只练不讲的做法，而不反对设计严密，具有科学性、系统性、综合性和针对性的练习题。我们讲求精讲精练。

黄冈中学特级教师王宪生认为不做题或少做题不可能把数学学好，但也不能把做题当成一种体力活。平时做题时一定要上难度、达要求，带研究性地去做题。数学特级教师卞清胜谈到，“数学能力的提高离不开做题，但当处理的题目达到一定的量后，决定复习效果的关键因素就不再是题目的数量，而在于题目的质量和处理水平。解数学题要着重研究解题的思维过程，弄清基本数学知识和基本数学思想在解题中的意义和作用，研究运用不同的思维方法解决同一数学问题的多条途径，在分析解决问题的过程中既构建知识的横向联系又养成多角度思考问题的习惯。一节课与其抓紧时间大汗淋漓地做三十道考查思路重复的题，不如深入透彻地掌握一道典型题。”

龚霞玲老师在谈到物理教学时也表示：“为了巩固学生对物理规律的认识，习题课是必不可少的。习题课除了巩固对规律的认识外，还有一个重要的作用就是培养学生的分析推理能力。教师对习题课所做的第一步是精选有特点、有代表性的例题。在分析例题时特别要注意的是这道例题是反映了怎么样的一个物理过程。所以在物理过程的分析中，要一步紧接着一步，一环紧扣着一环，每一步或每一环是以什么样的物理规律为依据，而且分析的结果必然是已知物理量和未知物理量的关系通过某些规律将它们联系起来，建立一系列的关系式后，联立求解。这种方法对于顺藤摸瓜的习题是十分有效的。在习题的类型上力求齐全，方法上力求多样，内容上力求新颖，特别是含有‘陷阱’或者引‘敌’上钩这样的习题对学生更是大有裨益。

对于以考查能力为目的的竞赛型习题来讲，对学生的分析问题和求异思维要求高，所以在竞赛辅导的教学中，我尽量地争取从特殊的方法和特殊的途径中去启发学生的求异思维，并培养学生多角度、多层次地思考问题。这些年来，我们在解题过程中总结出了以下几种富有特色的方法对学生进行训练：类比法、对称法、填补法、等效法、极限法、图像法、极值法、矢量法、整体法、逆向思维法、镜像法……这些方法对学生能力的提高无疑地起着至关重要的作用。所以，在物理教学中，从能力培养的角度来看，可以说习题课起着举足轻重的作用。”

龚老师认为：学生在做习题的过程中，要独立思考、独立完成，不能机械地套用熟悉的题目类型。练习贵在精而不在多，练习完成后不要急于对答案，想一想题意是否理解正确，是不是有其他的解题方法，这道题与某道题或某些题相同点在什么地方，不同点在什么地方，对所做的题适当地归类，将会起到举一反三的作用。每做一道习题，都要力求对物理概念和规律的理解上有所加深，在能力上有所提高。每做完一道题后应总结一下，看看通过解这道题，对物理概念和规律的理解又有哪些新的体会。每道题可以进行怎样的改编。

在训练的过程中，龚老师认为评讲最重要，评讲的过程，不是只讲对的，不讲错的，而是重点讲错的，讲错误的原因，对错误的认识，从而得到启示，有时错误的原因还需要大家一起分析，分析结果使错误的原因能转化为以后成功的因素。曾有一个同学在动量的一次训练题中，他将运算表达式写在黑板上，大家都分析他的表达式，看起来没有错，但结果却是错的，大家就分析每项表达式的物理意义，有的同学发现了表达式中有一项是错的，经过运算，结果还是不对，大家又继续分析，最后发现表达式还有一项是错误的，通过对这个表达式的分析，大家对这道题的认识更深刻了，做错的同学说，这道题的教训太深刻了，我一辈子都不会忘记这个结论。黄冈中学校长陈鼎常讲了一句很有名的话：将错误撕细来看。从错误中找到正确的方向。

龚霞玲的一位学生在离校后专门来信说："高中三年的学习，我觉得学习物理的主要转变是从'做题型'转变到'逻辑思维、分析推理型'，这使我受益匪浅。"

龚霞玲的学生王星泽于2006年5月在第七届亚洲物理奥林匹克竞赛中以理论第一的优异成绩夺得一块金牌，同年7月，在第三十七届国际奥林匹克物理竞赛中以总成绩第四再次摘得一金。在北大物理学院学习一段时间后转学美国麻省理工学院。他在谈到做题时说："题目要分类对待，而且不可以什么不想就往题海里扎。我想那些同学可能是过分注重习题忽略了书本基础知识，因而效果逊色许多。我不喜欢随大流，我有自己的方法，就是题目有的要精做有的要泛做。精做的题目是来自于好的竞赛书，比如《物理学难题集萃》（北大物院舒幼生等编写）这本不错，但稍难，适合学到一定程度的同学使用。精读选一两本就好。泛读的是那些题典题海书，翻翻看看挑一下做就可以。这时如果有条件就一定要利用图书馆资源，翻阅那些竞赛书籍。另外，对于科普书，我不会错过每一期《科学美国人》，作为额外的知识补充。"

黄冈中学名师的经验分享

我看"题海战术"

曹衍清，黄冈中学前校长。

对于中小学生学习文化课知识来讲，做一定数量的习题，是巩固和理解所学知识的重要手段。在做习题的过程当中也可以培养学生的某些能力，例如可以培养学生的模仿能力、观察能力和思维能力。但是，凡事都有度，如果在教学当中盲目地搞"题海战术"，则是错误的做法。

在中小学教学过程当中，所谓“题海战术”，就是布置超量的练习题，对知识点进行轮番强化训练，以练习来代替教学。它的主要特点是，以题为纲，以题为本，以题为中心，把学生淹没在题目的海洋中，绝大部分学生的感受是茫茫题海苦无边。“题海战术”实际上是应试教育的产物，是片面追求升学率的结果。在大力提倡素质教育的今天，我们应该摒弃这种落后的做法。

第一，“题海战术”是一种落后的教学做法，它的主要缺点是对学生的不尊重。它不从学生实际出发，严重忽视学生的主动发展因素；不注重学生的年龄和心理特点，一味加压，对青少年的身心健康造成伤害，挫伤打击学生的积极性，继而导致学生视学习为负担，从而厌学、弃学、甚至逃学。

第二，“题海战术”是应试教育的产物，其目的主要是应考，不利于学生能力的提高，甚至扼杀了学生的学习兴趣。与当前提倡的素质教育的理念是背道而驰的。

第三，“题海战术”加重了学生的学习负担，是当前学生负担过重的罪魁祸首。题海战术迫使学生超负荷运转，耗费学生过多的时间和精力，扼杀了学生的个性、灵性、人格，学生们被作业压得吃不香，睡不安，喘不过气来。这种做法与我们培养全面发展的人才教育目标是不相符合的。

第四，“题海战术”是教育者推卸责任的表现。有些教师素质偏低，或者缺乏经验，或者不认真备课，只好课内损失课外补，无故加大作业量，总是希望用这种简单的办法来弥补自己教学的不足。更有甚者对大量充斥市面上的劣质参考资料、复习资料信手拈来，敷衍了事。以学生之重负换了个人之轻松，这是典型的失职行为。

通过以上分析可以看出，做习题是中小学生学习文化课知识的主要途径。因而，在教学过程当中老师让学生做一定数量的习题是不可避免的，但是要坚决反对题海战术。在教学过程当中教师要掌握好练习的质量和数量，在做习题的过程当中，教师和学生都应该表现出积极主动性，只有这样才能发挥做习题的应有作用。

黄冈中学学生的经验分享

黄冈中学是什么样的“题海”？

陈志平：黄冈中学毕业生，现为黄冈师范学院老师。

在黄冈中学，学生的学习特别规范。外界流传黄冈中学“题海战术”，现在满世界都是“黄冈密卷”、“黄冈兵法”，似乎更印证了这种说法。我是不反对学生练习的，黄冈中学的“题海战术”也没有什么恐怖的，并且现在很多学校都是“题海战术”，但效果没有黄冈中学好，个中原因就值得思考了。我觉得一所名校并不仅仅是历史的悠久，也在于知识文化、文献资料的积累。黄冈中学在百年的发展中，积累了大量的学习资料，再经过不停地钻研琢磨，他们逐步形成了自己的试题库、资料馆。那时我们每个星期三下午做英语试题，星期五下午做语文试题，星期天晚上做数学试题，这些试题很平常，没有太难太古怪的题目，却是很（我不敢说最）符合这一周所学的知识点的。一学期下来，试卷一大沓，基本所有的知识点都囊括了。学生其实并没有额外的负担，学习很实在简单。以数学为例，一个公式的学习必然需要大量的练习，一个好的老师知道什么样的习题最能使学生掌握这个公式，黄冈中学的练习恰好做到了这一点，。而为了做到这一点，其必然需要从大量的习题中去筛选，从漫长的历史中去积淀。

现在教育改革呼声日高，黄冈中学模式也有人质疑。但黄冈中学的规范化教学和学习，在大量题海中寻找最佳的训练途径的举措是不应该怀疑的。作为黄冈中学的毕业生，对母校总怀有一份情感，因为在那里的三年，我的学习是简单的、快乐的。

冯俊文，黄冈中学毕业生，现为北京资深出版人。

谈到“题海战术”，我想起一位叫作顾全安的化学老师，一个笑眯眯很有趣的小老头，他经常喜欢在化学课上提一些诸如“中国最早的字典是谁编写的，叫什么名字啊”之类的问题，思维非常活跃。记得有一次他给我们讲课说到考试：“给你们出个试卷简直太简单了。我们老师每个人都有个自己的资料库。题目都是分类别放好的，我们自己早就做得烂熟，随便拨拉拨拉几道题就够你们做的。”全国情况我不敢说，但“题海战术”至少在我们整个黄冈地区是很盛行的，有的学校到了高三甚至一年到头就几天节假日，学生晚上要自习到 10:30 以后，非常的辛苦。黄冈中学当然也有它的“战术”，不同之处有两点：

第一，我们是从高一开始，每周六上午讲试卷，下午自习，晚上放假休息。周日上午自习，下午放假休息，晚上考试。这种节奏从进校开始一直保持到高三，没有什么起伏。学生从高一开始就进入一个相对紧张的备战阶段，相对而言，高三的压力就会减轻很多——我们直到高三都坚持9:15下晚自习，下自习之后自己还有空出去吃个夜宵什么的，这种放松状态是很难得的。

第二，我们老师最为自豪的一点是学生几乎不做外面的试卷，平时练习、考试用的都是老师自己根据教学情况出的试卷，而且并不像外面卖的《黄冈宝典》之类的那么难，都是中等偏上的题目，这些题目都是老师做过的，心里有数，学生做起来不吃力，容易建立自信。所以就我自己来说，整个高三阶段是处于一个相对放松的状态，平时听音乐、看自己喜欢的课外书籍包括写作的习惯，还是保留得很好。

黄铃，黄冈中学2011届毕业生，获第24届全国高中学生化学竞赛决赛一等奖，保送进北京大学。

做题要精做，题目的数量虽说是无限的，但是很多都是类似的，每遇到一类题目要好好思考它考察哪方面的内容，这类题目的共性是什么，做题时需要注意哪些问题。好题犹如美食，是值得好好珍惜的。要知道做题是手段，不是最终目的，不要把大好时光浪费在做一堆如出一辙的题海中。对于重点内容和常考的题型进行总结是很有必要的，一方面可以加深对知识的理解，另一方面还便于记忆和运用，我发现总结的部分专题到大学还有助于某些专业课的学习。我和竞赛小组的成员还经常交换总结的内容来看，我想说的是不要吝惜自己的资源，虽然与周围的同学是相互竞争的，但互帮互助往往有助于整体水平的提高，这样不仅节省时间，有利于共同进步，而且很多时候自己忽略了很重要的方面，别人总结得很全面。

孙思成，黄冈中学2011届毕业生，考入浙江大学。

“题海战术”作为一种极端行为，固然是不对的，但我们也不能陷于完全不做题的极端中去。古人云：读万卷书，行万里路。强调的是人要见多才能识广。适当地做做题目（尤其是数理化方面的题目），利于我们更牢固地掌握知识，运用知识。通过这种方法，我们还能及时找到自己在学习过程中遗漏的知识点。此外，对于还没有发现适合自己的学习方法的同学来说，多做题也不失为一种好方法。记得我在读高三的时候，英语一直是我的短板，对此我很是苦恼，试用了很多方法，但成效始终不明显。后来，我找来一套四级考试的模拟试卷，一本全英文的小说，在两个星期内，每天都做三篇完形填空，阅读20页英语小说。半个月后的考试，成绩果然提高了十来分。大量地做题和阅读提高了我的语感，以至于我虽然不能清楚地知道某个单词的意思，也能通篇地读懂试卷上的文章。

周朗，2001进入黄冈中学。2004年考入北京大学。

所谓“题海战术”，顾名思义，就是指大量地做习题来提高自己的学习成绩。对大多数同学而言，我不提倡搞“题海战术”。我认为多做题的目的是使我们熟悉各种题型，训练我们的解题技巧、巩固所学过的知识，但题并不是要越多越好，做题适量会有很好的效果，能够使我们的解题思路更明晰。如果太多太滥，没有总结理解，反而会束缚了我们的思路，使我们的头脑只有题而没有知识和系统。

应该注意老师出的题目，特别是老师经常讲的题目或者是题型，因为这些题目或题型，往往是最重要的。做题的基础是对课本知识的熟练掌握。做题时，应与课本联系起来，切忌抛开课本或者以做题代替看课本。

LIGHT THE WISDOM

教育魔方八

习惯和方法比学习本身更重要

自学，超前，再自学，更超前，是部分青少年英才脱颖而出的一个规律。

黄冈中学前校长 陈鼎常

黄冈中学制胜的秘诀是什么？就是“颗粒归仓，能拿不丢”。学习时颗粒归仓，考试时能拿不丢！

黄冈中学前校长 陈鼎常

习惯真是一种顽强而巨大的力量，它可以主宰人的一生，因此，人从幼年起就应该通过教育培养一种良好的习惯。

——培根

生活、工作、学习倘使都能自动，则教育之收效定能事半功倍。所以我们特别注意自动力之培养，使它关注于全部的生活工作学习之中。自动是自觉的行动，而不是自发的行动。自觉的行动，需要适当的培养而后可以实现。

——陶行知

讲到学习方法，我想用六个字来概括：“严格、严肃、严密。”这种科学的学习方法，除了向别人学习之外，更重要的是靠自己有意识的刻苦锻炼。

——苏步青

老师教给学生的就是两个词：习惯、方法

萨克雷说：播种行为，可以收获习惯；播种习惯，可以收获性格；播种性格，可以收获命运。我国著名教育家叶圣陶先生也曾经说："教育是什么？往简单方面说，就是培养习惯。"学习习惯是在学习过程中经过反复练习形成并发展，成为一种个体需要的自动化学习行为方式。良好的学习习惯，有利于激发学生学习的积极性和主动性；有利于形成学习策略，提高学习效率；有利于培养自主学习能力；有利于培养学生的创新精神和创造能力，使学生终身受益。如果学生学习和自学的习惯培养养成了，还用天天盯着，看着，手把手教学生吗？

> **整个高一，老师教给学生的就是两个词：习惯、方法。让学生养成自主学习的习惯，掌握科学的学习方法。有了这两样"武器"，后两年的高中学习才有支撑力。**
>
> **——郑帆**

谈到习惯，赵峰老师表示，"踏实是我对学生的基本要求，坚持是我对学生的最高要求。虽说心有多大舞台就有多宽广，但是脚下的路还是需要一步步走，只有将基础夯实了才能够将自己的梦想演绎成精彩人生。虽说有心无难事，有诚路定通，但实现精彩的人生也会有挫折相伴，只有多一点再多一点坚持，不断跨越羁绊，就能够让自己的人生经历熠熠生辉。"

2004年考入北京大学的周朗谈起他高中的学习体会时说："好的学习习惯是提高学习效率，保证学习效果，在考试中正常发挥水平的重要保证。好的学习习惯有许多，例如良好的审题习惯，良好的解题习惯，独立钻研、务求甚解的习惯，归纳总结的习惯，查阅工具书和资料的习惯等"。

黄冈中学前校长曹衍清认为：习惯，是在不知不觉中养成的。好的习惯会让我们受益终身，不良习惯如果不及时纠正，带来的负面影响也是巨大的。所以，从一定意义上说，习惯决定成就。他指出，我们作为教育工作者必须把培养学生良好的习惯作为教育的一项重要任务，这有利于在更深层次上推进素质教育，为学生的将来打好基础。

孔子说："少若成天性，习惯如自然。"对中小学生持续地培养良好习惯，矫正不良习惯，不仅是学生终身受益和成功的需要，也是提高教育教学质量的根本需要，更是提高全民族素质，实现中华民族伟大复兴的希望所在。

黄冈中学名师的经验分享

黄冈中学倡导学生培养什么样的习惯？

那么，在黄冈中学，教师倡导学生培养什么样的习惯呢？通过两任校长的讲话就可以看出其中的精髓：

曹衍清，黄冈中学前校长

我认为应着重培养学生以下学习习惯：

1. 课前预习、课上集中精力听讲的习惯。预习的重要性已经提过无数次，预习时学生对知识体系进行一次简单的梳理，明确哪些问题已理解，标记出哪些问题还有待于解答。老师上课时，学生可以对已理解的东西进行印证，对不理解的问题重点听取，课后还可以就有关问题与老师讨论。老师讲课是对书本知识的加工，对知识要点进行归纳，听课比看书有感性，是人与人之间的互动交流，学生如果不集中注意力听课，知识的链条上就会有断裂，长此以往，学习成绩自然会下滑。

2. 在理解的基础上进行记忆的习惯。知识的积累需要不断的记忆，只有通过记忆，才能把书本知识纳入到自己的知识库中，才能在需要的时候提取、应用知识。通过记忆存储的知识多了，就会把积累的知识联系起来，融会贯通，加以运用。记忆又分为机械记忆和理解记忆。有些知识靠机械记忆，而大部分知识靠理解记忆。理解记忆获得的知识，运用起来比较自如。尽管信息社会获取知识的途径、方法很多，但我认为适度的记忆是必不可少的。

3. 课后先复习归纳后做作业的习惯。据我们统计，有一半以上的学生在这方面做得不好，他们往往是听完课就去做作业。只有遇到困难时才会反过来翻书。作业只是巩固新知识的手段而不是最终目的，做作业既是对理论的把握，又是对应用能力的锻炼。课后先复习，对所学知识进行概括和归纳，抓住应掌握的重点和关键，把分散的知识连成线，结成网，使学到的知识系统化、规律化、结构化，这样运用起来才能连贯畅通，然后再做作业可以事半功倍。

4. 做前审题做题后检查的习惯。我们曾经不止一次地对学生强调做题前认真审题的重要性，已知什么，求证什么，在题目要求中已经清清楚楚。但在实际做题过程中，学生往往还会忽视题目中的一些字词，导致错误的结果，我们通常把这种情况称作“粗心”。人们往往认为粗心不是智力因素而不加以重视，其实正是这种“粗心”影响了学生的成绩，千万不可掉以轻心。因此，做题后检查也是很有必要的，做题后及时进行自我检查有助于消灭前面的错误，提高对题率。

5. 同学之间互相切磋交流的习惯。《学记》上讲，“独学而无友，则孤陋而寡闻”，同学之间的学习交流和思想交流是十分重要的，遇到问题互帮互学，展开讨论，每一个都努力吸取别人的长处，弥补自己的不足。事实证明，同学之间经常切磋交流，对于开启智慧，寻找新的有效的学习方法能够起到积极作用。

6. 到了小学三年级，老师和家长应重点培养孩子自觉学习和自主学习的习惯。自觉学习，就是说孩子在潜意识里已经将学习视为已任，不再将其视为负担，而是自己自觉自愿的需求，能够按时\保质保量地完成学习任务，不需要家长每天饭后催促“别看电视了，快去学习”，也不需要母亲每天打着毛衣陪伴着写作业。自主学习，就是能够自己安排学习时间，统筹学习计划，再不需要依赖他人帮助的情况下选择适合自己的学习方式，能够及时发现问题，并找到能够有助于问题解决的途径或资源的能力。

陈鼎常，黄冈中学前校长

一、什么是习惯？

先说习惯的字义：习惯的习，习性，繁写的“習”字的结构是：上面是羽毛的羽，下面是白色的白。羽为翅膀，白为鸟头。小鸟学飞是很危险的，要么成功飞向蓝天，要么遭遇不测而跌落地下。由此可见，“习”有二重性，有成功的希望，也有失败的危险。

惯，惯性，物体保持原来运动的状态。“惯”字的结构是：左边为竖心旁，右上为母，右下为贝，意为父母与宝贝孩子心相连。父母与孩子心相连即为惯。“惯”也有二重性，孩子能继承父母好的习惯，而父母过分溺爱被视为娇惯。

两个字联在一起称为习惯。习惯具有二重性：有良好的习惯，也有不良习惯。

再说习惯的意义：习惯是人们行为不断重复形成的规律。早睡早起是习惯；预习，复习也是习惯；每天朝读是习惯，晚上做作业也是习惯；乐于助人是习惯，举止粗野也是习惯；讲文明是习惯，说脏话也是习惯。习惯总是与我们形影不离，好像一只无形的手支配你去做你“想”做的事。孔子曰：“少成若天性，习惯如自然。”说的是习惯的养成好像是在不知不觉中自然生成的一样，自然而然。

二、习惯对我们的影响

古人云：“积行成习，积习成性，积性成命”。就是说，行为的积累成为习惯，习惯的积累成为性格，性格的形成影响甚至决定其命运。这句话深刻地揭示了行为、习惯、性格、命运之间的一种逻辑关系，良好的习惯会对人生起到积极作用，不良习惯会对人生产生负面影响。好习惯形成将伴你走向成功、幸福。不良习惯一旦积重难返，可能导致失败、痛苦。历史上有很多经验、教训，如：西晋祖狄，闻鸡起舞，坚持不懈，持之以恒，成为一代名将。汉代张良，下桥拾履，尊师重道，礼贤下士，成为一代良臣。良好的习惯是开启成功的钥匙，不良习惯则是一个深渊。因此我们要避免坏习惯，形成好习惯，教育家叶圣陶先生说：“积千累万，不如养个好习惯。”

三、应该养成哪些好的习惯

1. 文明习惯。文明应贯穿于我们的思想中。拥有一颗感恩的心，善良的心，博爱的心，孝敬父母，尊敬师长，善待他人。文明应表现在我们的言语中。不讲脏话、粗话，举止文明，谈吐高雅。文明应落实到我们的行动中。保护环境，不乱丢乱扔，乱吐乱倒，乱涂乱画，乱刻乱写。爱护公物，爱护学校的一草一木，以校为家，节水节电。

2. 生活习惯。按时作息，坚持锻炼，讲究卫生，学会调节。高三最后阶段，要调整好作息时间，早上不早起，午睡小睡，使兴奋点调到上午9点，下午3点，这也是科学的作息时间、良好的考前生活习惯。

3. 学习习惯。读书、预习、复习，思考、质疑、讨论都是习惯。想得清楚、说得明白、写得干净、判断得准确是习惯，犯低级错误也是习惯；能拿不丢是习惯，丢三落四也是习惯。细节影响成功，习惯决定成败。

四、习惯的养成与改变

习惯是可知可见、可形成也是可以改变的。科学家培根在《论人生》中说过：习惯是一种顽强而巨大的力量，它可以主宰人生。因此，人自幼年就应通过教育，去建立一种良好的习惯。

1. 从细节做起，成就事业。当你习惯于考虑细节，乐于做小事的时候，就是走向成功的开始。须知，细节能决定成败，当然决定成败不仅仅是细节，我们更应当注意到细节背后那种锲而不舍的执着，那种卧薪尝胆的精神，那种坚忍不拔的毅力，那种追求卓越、追求完美的理念，那种拒绝平庸的意志，那种远离浮躁的心态。这就是从点滴做起、从细节做起，养成一个个好习惯，成就一番事业。

2. 从纠错做起，去伪存真。人既要自以为是，也要自以为非，真理是在与谬误的比较、鉴别中得出来的。在平时的学习中，我们应当准备一个纠错本，需要时拿出来看一看，这样做才有可能少走弯路，少犯错误，不犯庸俗错误。

3. 从实践做起，追求卓越。人要学会改变，不断进步。比如学习，选择一本好的参考书，每章每节先记下知识点，再做一部分典型练习题，最后将知识方法归纳总结，梳理成辫子。这样学习，由点到面，形成系统，从理论到实践，加深印象，坚持下去，必有好处。

自学，超前，再自学，更超前

陈鼎常校长在2009年黄冈中学北京分校开学典礼上说，“学习还要有一种意识——超前意识。科学巨匠爱因斯坦上中学时，当周围的同学还在知识的浅滩浅尝辄止，爱因斯坦已在知识的海洋尽情畅游。爱因斯坦以及当今无数学生成才的事例表明：**自学，超前，再自学，更超前，是部分青少年英才脱颖而出的一个规律。**”他分析认为：自学有四个特点：

——**能动性**。自学把学习建立在人的能动性的一面上，正如著名哲学家黄克剑先生所言，“自主学习使学生的学习由被动转化为主动，这一转，转出了学生无可推诿的主体责任心，也可能转出了先前处在压抑或非觉醒状态的那种自决、自断的智慧”。

——**超前性**。自主学习的超前性区别于传统学习的跟随性，是学生对知识进行自我构建的过程。通过学生头脑里原有认知结构的加工改造，新的知识才能真正为学生创造性地吸收和掌握。

——**独立性**。自学把学习建立在人的独立性的一面上，它要求学生摆脱对教师的依赖，独立开展学习活动，自行解决现有问题，学生学会了学习。

——**异步性**。自学有别于传统的“齐步走”、“一刀切”、“一锅煮”的做法，解决了一些学生“吃不饱”的问题，让一部分学生先“富”起来，先“富”也可以带动后“富”。王崧、库超、林强这些数学奥林匹克竞赛奖牌获得者，在初中就自学了高中数学课程，其中王崧在高中就自学了大学的部分课程，以至于他一上北大，《高等代数》、《数论》、《近世代数》均被免修。

其实有些数学奥林匹克竞赛获奖选手并不像人们想象的那样，一个个“神采飞扬”、“聪明绝顶”，和其他学生相比也不见得才思多么敏捷，他们取得突出成绩的一个重要原因，就是“提前自学，抢占先机，早走一步，多学一点”，因此脱颖而出，一鸣惊人。

连夺两块奥赛金牌的王星泽谈到自己高中的学习时说：“起初也心里没底，就跟着老师走。后来摸清楚方法后就以自学为主了。我将自学看得很重，我从小就喜欢自学。”

孙锋老师也指出，“我们要转变我们的教学观念。从高一开始就要培养学生的自学能力，引导学生自己解决问题。老师只起引导作用，学生“习得”多少多取决于老师的正确引导。我们要注重过程，淡化结果。正如种庄稼，只要肥施足了，杂草清除了，该做的都做了，剩下就只等着收割了。在这当中，老师并不是无所作为。老师的作用在于找到有效的方法，让学生学得轻松，学有成效。孙老师还特地打了一个比喻：“到北京可以有各种方式，可以坐火车，可以坐汽车，可以坐飞机，哪种方法更有效，这是由老师决定的。”

在学习方法方面，潘朝强最推崇的是带着问题去学习，弄清来龙去脉。在他进入大学的第一堂课上，一位著名的社会学家告诉他，“能够提出一个有生命力的问题，比回答一百道问题更重要”。从学习前提出问题、学习中思考问题到学习后解决问题，便是我们学习新知识、运用新知识解决问题的过程。

习惯 + 方法 = 快乐 + 成功

所谓学习，其实就是学会学习。你学会了学习，有了自主学习的能力，这是一笔终生的财富。著名的爱因斯坦成功公式告诉我们：成功 = 正确的方法 + 坚持不懈 + 少说空话。没有正确的方法，学习自然是十分困难的事。那么什么是正确的方法？怎样才能在激烈的竞争中脱颖而出？

黄冈中学要求学生必须掌握学习的六个环节，即：预习、听课、笔记、作业、拓展、复习。同时要求每个学生必须要有计划。按计划去学习。好成绩的取得，需要刻苦努力，但更需要掌握科学的学习方法和培养学习能力。黄冈中学的学生在入学第一学期，专门对学生进行学习方法训练。帮助学生掌握一整套适合自己的学习方法。”

黄冈中学英语教研组长孙锋老师一次在受《求学》杂志社之邀到哈尔滨做演讲，对黄冈中学的学习方法进行了介绍。他首先是强调基础。按照道理，像黄冈这样的名校，在大家想象中招收的都是一流的尖子生，那么基础就不需要太强调了，应该主要以做难题为主，这样才能在高考中得高分。但是黄冈中学反复强调的就是基础，基础是什么呢，就是课本上的那些知识，就是我们平时做得最多的经典题型！

其次，孙老师强调做题的质量胜过数量。对于大量经典例题，要彻底弄透彻、弄明白。做一道，就把它的解题思路、涉及的知识点都彻底弄明白，能够举一反三，学习效率也会大大地提高。

同时孙老师提醒应该注意处理几组关系：

一、知识与能力的关系。知识是基础，基础知识不扎实，谈不上能力的培养；能力强，掌握知识就快。

二、看书与做题的关系。一定要保证看书的时间，对一些常见的词汇、知识点、语法、结构、考点一定要记熟，不要搞题海战术，但是也要做一定量的试题，试题要有代表性，典型性，质量要高，专项和综合题要分清。

三、要有良好的心态，不要打疲劳战，劳逸结合，要注意效率和效果，天生我材必有用。

黄冈中学数学特级教师卞清胜认为，**最基础的知识是最有用的知识，最基本的方法是最有用的方法。**他指出，必须重视课本，夯实基础，以课本为主，全面梳理知识、方法，注意知识结构的重组与概括，揭示其内在规律，从中提炼出思想方法。在知识的深化过程中，切忌孤立对待知识、方法，而要自觉地将其前后联系，纵横比较、综合，自觉地将新知识及时纳入已有的知识体系中去。

黄冈中学还提倡互助学习，加强交流。陈鼎常校长对学生说，首先要端正糊涂认识，即认为与人交流会使自己辛苦得来的成果失去其专利的价值。事实上，无论个人的经验多么宝贵，与几个人甚至十几个人的经验比较起来，仍显微不足道。古人说得好：“独学而无友，则孤陋而寡闻。”现代人讲得更明白，你有一个苹果，我有一个苹果，两人交换一下，还是各有一个苹果；你有一种思想，我有一种思想，交换一下，两人各有两种思想。

潘朝强告诫学弟，要加强相互切磋，格外注重细节。“嘤其鸣矣，求其友声”，在高中阶段朝夕相伴、共同拼搏的小伙伴们是我们一生的财富，同学好友之间的相互切磋，不仅能够发现彼此知识点上的盲区，而且能够发现不曾注意的细节，实现相互促进、共同进步。王星泽谈到学习方法时说：“不可忽视同学间的交流，多学习别人的长处，但是别跟着别人后面跑，学会走自己的路，找到最适合自己的方法。”

我们正处在信息时代，使用一台联了网的计算机或一台独立的计算机，获取信息量的区别该有多大？因此，黄冈中学要求学生在自主学习的基础上，加强互相交流。这种相互交流获取的信息量，有时是单凭上课听讲所得不到的。

栽一棵“知识树”，结一张“知识网”

思维导图是一种非常有效的学习和思维的工具，在世界的各个领域——政治、经济、管理、教育等方面都有非常广泛的运用。美国微软公司创始人比尔·盖茨曾指出：“思维导图能够将众多的知识和想法连接起来，并有效地加以分析，从而最大限度地实现创新。”李开复在他的《做最好的自己》一书中也指出，“善于学习的人大多有总结归纳的习惯。想有深入的思考和理解，就要学会把看似分散的知识点连成线，结成网，使学到的知识系统化、规律化、结构化”。在黄冈中学已经有很多老师用思维导图进行教学，只是没有用“思维导图”这一时髦说法罢了。

黄冈中学生物高级教师王实泉认为：“学生在学习的过程中，把所学的知识构建成知识网络，将有助于他们扎扎实实地掌握各个知识点，有助于他们在解决问题时能快速、准确地提取到有关的知识，并有助于他们形成学科能力。”他分析说，知识网络有三个重要特点：

一是系统的整体性。在网络中的知识不是一盘散沙，而是一个相互间具有清晰逻辑关系的整体，其中的每个知识点都有特定的位置，从而使大脑对知识的提取、应用变得较为容易。

二是联系的多维性。即每个知识点都可以通过不同的连线与其他各个知识点相联系，同时两个知识点之间也可以有多种联结方式。

三是网络的开放性。随着学习的不断深入，新的知识源源不断地补充到原来的网络中，使网络中的知识点不断增加，知识点音质联系更广泛、更优化。

黄冈中学物理高级教师丁汝辉也强调“要建立完整的知识体系”。他指出，“要加强主干知识的梳理和整合，强调知识间的横向联系，使部分知识之间综合应用。‘运动和力’、‘动量和能量’渗透到高中物理的各个分支之中，抓住这两条主线将相关知识进行梳理串联，可以构建完整的知识网络和能力体系”。

黄冈中学政治高级教师秦济臻也表示，“在夯实基础、培养基本技能的前提下，要注意对学科知识进行整合，牢牢掌握知识体系及知识之间的内在联系，建立起知识网络，构筑分析问题的理论框架，形成知识之‘树’，为分析问题提供理论依据和方法。掌握学科知识体系，有助于深入把握学科知识，初步培养迁移能力和综合分析能力”。

陈绍荣老师用一个“地雷”来形容学生们的学习状况，陈老师解释道：书中遗漏的知识点就好比一个个地雷，如果是知识网很全面的人，就不存在地雷，而对于大部分的学生来说，由于自己的知识体系还不甚完善，因此在考试中运气好的踩到一个两个，运气差的，踩到很多个，所以学生的成绩总的显得不是很稳定，归根结底就是“地雷”没摸清。把漏掉的知识点比作“地雷”很形象。

潘朝强谈到学习方法时也认为，要善于归纳总结，构建知识网络。读书的过程，就是将书从厚读薄，在从薄读厚的过程。从厚到薄，就是根据知识点进行归纳、总结、对比、联系、压缩，提炼出规律以加强理解记忆；从薄到厚，就是通过归纳总结的规律和口诀来延伸拓展，将所有的知识点归纳起来，形成完整的知识网络，才能做到胸中有丘壑、下笔如有神。

“颗粒归仓，能拿不丢”

在大力实施素质教育、大力提倡创新精神的同时，在学习上不能来虚的，不能为了方法而去找出什么新方法。黄冈中学强调求实。这是不是不时髦？是不是不能与时俱进？陈鼎常校长认为，在求实中创新，在创新中求实，是一种辨证的思想。体现求实精神的做法概括起来有四句话：

——**基础知识，点点落实**。陈鼎常认为，对基础知识不能似是而非，模棱两可，知识的薄弱环节会影响学生分数的高低，就像木桶理论所揭示的那样，水的高度取决于木桶最低那块木板的高度。因此，黄冈中学教师对学生的“基础知识，点点落实”，就是“日会、周清、月结”。

——**能力培养，步步提高**。陈鼎常认为，学习有三种境界，从学而时习之，到学会知识，最后到学会学习。学会学习是一种能力，是一种终生受用的能力。穿越学习的三种境界，能力也随之逐步提高。

——**专题训练，层层深入**。在教学过程中，黄冈中学教师和同学们一起，把一个一个专题弄清楚，纲举目张，构建起知识的网络体系。

——**综合训练，融会贯通**。陈鼎常认为，基础是根，能力是干，思路是枝，成绩是果；只有根深蒂固，才能枝繁叶茂。

陈鼎常经常听到这样的提问：黄冈中学制胜的秘诀是什么？他回答：就是“颗粒归仓，能拿不丢”。学习时颗粒归仓，考试时能拿不丢！他说，黄冈中学的学生不一定比别的学校的学生聪明，别的学校的学生做不出来的题，黄冈中学的学生未必能拿下来，但黄冈中学学生能做的题目，往往能做对，不轻易丢分。他们不是神童，不是不犯错误，只是学校要求他们不犯简单、低级、庸俗、重复性的错误。

试想一下，每次考试考完以后，学生最后悔的是什么？陈校长说，不是不能拿的分没有拿到，而是能拿的分丢了，以至捶胸顿足，懊悔不已。怎样才能不后悔？假如有什么后悔药的话，那就是颗粒归仓，能拿不丢！

陈校长说，要想能拿不丢，应当重视纠错，从错误中吸取教训。教师不仅要把正确的东西堂而皇之展示给学生看，还要把错误的东西深刻揭示给学生看。不要一提到做题就等同于“题海战术”，事实上往往看几题不如做一题，做几题不如做好一题，做几个新题不如改正一个错题。这样由表及里、由浅入深，从反面到正面，从谬误到正确的认识过程，体现了遵从认识规律的育人特色——求实精神。

黄冈中学名师的经验分享

学会做学习的主人

陈鼎常，黄冈中学前校长

一、入乎其内，出乎其外。对于学习而言，首先要入乎其内，深入课本。对此，可能有些同学不屑一顾。事实上，较之参考书而言，课本最简洁、最精练、最权威，含金量也最高，最值得去开采，去提取。参考书中那些奇思妙想是课本知识的拓展与延伸。考题虽然越出越新，越变越活，但万变不离其宗。对高三、初三同学来说，课本是本，复习是基，立足于基，务实于本，才是前进的基石。

入乎其内，不仅是对知识的接受与汲取，更是一种提炼与探索，保持思维的独立性，而非盲目性，使自己成为掌握知识的主导者，而非旁观者。唯有如此，才能在总结书本知识的基础上形成自己的思想与感悟，让所学知识为我所有，为我所用。

学习既要入乎其内，又要出乎其外。古人云："功夫在诗外"，在课本知识已经深入掌握之后，就会发现，课本对某些问题的解释不够深刻，也不够宽广，在一定程度上影响了学有余力的学生的深入思考和系统掌握。要想获得更多知识，就要跳出课本，既要找到课本知识背后隐藏的更深刻的道理，又要对课本基础知识、基本方法推而广之。这样做，学习会有一种居高临下的感觉，解题有如神助。

课本知识必不可少，光有课本知识又不够。精选一至几本练习册，精做一些习题是必要的，同时还应有解题后的思考。只有透过浩如烟海的知识，探求其本源与变化，发现其规律，才能真正成为知识的主宰，学习的主人。

二、行胜于言，智胜于力。行胜于言应做到三勤：1. 勤于动脑。学而不思则罔，思而不学则殆。其重要性自不待言。2. 勤于动手。虽然许多同学通过学习已初步建立起知识框架，解题模式，但考试不仅考察运用知识的灵活性，同时也考察运用知识的熟练程度。因此需要勤于动笔，保持一定的解题速度，以争取到考试的主动。3. 勤于发问。即使你掌握的知识越来越系统，综合能力也越来越强，你站得愈高，愈会发现高层次的问题。勤于钻研，善于发问，学习效率就会更高，水平也会随之提高。

多年的考试，将全部知识点一考再考，题目花样翻新，综合难度也有所变化，如果一味蛮干，必然碰壁。因此，也不可忽视"智胜于力"。

现在的考试选择题分值较高，如何快速、准确拿下这些分数，是考试成功的重要因素。有些题如果直接算出结果，再对号入座，结果固然不错，但却浪费时间，造成"隐性失分"。"时间就是生命"在考试中体现得淋漓尽致。智算、巧解不仅可以节省时间，还可以提高准确率，起到事半功倍的效果。

三、以静制动，以稳取胜。不能指望考题顺着自己的思路走，要以静制动，以不变应万变。考前为保持自己的实战状态，应当进行一些自我调节，自我检测，以免变得"手生"。

以静制动。还要排除幻想和杂念，自信而不好高骛远，自由而不放任自流。静心迎考，心无旁骛，考试就成功了一半。

考试的竞争，已不再是单纯的智力竞争，也是一场心理素质、意志品质的竞争。古人云：金无足赤，人无完人。即使你准备得再充分，还是有可能遇到一些新的棘手的问题，面对此情此景，谁能保持平常心态，处变不惊，以稳取胜，能拿不丢，谁就能在考场上正常发挥甚至超常发挥，否则会忙中出错，意外丢分。

刘祥，黄冈中学前校长

一、立足课堂，重视课本。高三复习，首先要听从老师的安排，跟上老师的节拍。不少同学认为复习不过是把高一、高二学过的知识内容重新温习一遍，把高一、高二做过的题重做一遍，思想上不以为然，课堂不听讲，不听老师安排，自搞一套，无数事实证明，这样做是错误的。其次，复习过程中要立足课本，要经常阅读、体会课本内容，熟记课本知识，掌握课本中最基础的思想、最基本的方法。而不是抛开课本，一味看参考书、做课外练习。

二、重视错误，注重反思。无论成绩多么优秀的同学，练习和考试都会做错题。错题是最反映自己在知识上、方法上存在缺陷和漏洞的。很多成绩优秀的同学都非常注意把自己学习、考试中易错题集中到一起，仔细分析错误原因，记录题目正、误的两种做法，特别注意将错误原因相同、相似的错题认真分析，这样做的效果将会是事半功倍。

三、善于比较归纳，勤于总结。俗话说：百炼成钢。要掌握一门知识、一种技能，反复练习的是非常有必要的。但是，到了高三，我们就不能还一味埋头做题，我们还要学会抬头望路。要注意比较题目从知识运用到解题方法的异同，总结归纳其中的规律，从而事半功倍。

四、多问。古人云："小疑小进，大疑大进"。质疑答辩是获取知识、提高能力的重要手段。无论什么样的问题，不要有不屑问、不好意思问的思想，在一问一答中，提问者和回答者都会有新的收获。

五、注重小节，痛除陋习。有些同学在学习中习惯于看和听而不动手写、动手算，这是一个很不好的习惯。其结果就是一看就会、一听就懂，一动手就错。还有些同学考试中读题不清、审题不严，导致题目条件都没弄清楚就动手做，或者运算粗心、字迹潦草、丢三落四、表达含糊等，都造成丢了不该丢的分。犯这些错误的同学常常还很容易原谅自己，他总是安慰自己说：其实我会，我只是看错了、算错了，结果是次次看错、次次算错，难以取得自己理想的成绩。

陈绍荣，黄冈中学教师

在学习过程中，掌握科学的学习方法是提高学习成绩的重要条件。以下我分别从预习、上课、作业、复习、考试、课外学习、实验课等七个方面，谈一下学习方法的常规问题。应当说明的是，我这里谈的是各科学习的一般规律，不涉及具体学科。

一、预习。预习一般是指在老师讲课以前，自己先独立地阅读新课内容，做到初步理解，做好上课的准备。所以，预习就是自学。预习要做到下列四点：

1. 通览教材，初步理解教材的基本内容和思路。

2. 预习时如发现与新课相联系的旧知识掌握得不好，则查阅和补习旧知识，给学习新知识打好牢固的基础。

3. 在阅读新教材过程中，要注意发现自己难以掌握和理解的地方，以便在听课时特别注意。

4. 做好预习笔记。预习的结果要认真记在预习笔记上，预习笔记一般应记载教材的主要内容、自己没有弄懂需要在听课着重解决的问题、所查阅的旧知识等。

二、上课。课堂教学是教学过程中最基本的环节，不言而喻，上课也应是同学们学好功课、掌握知识、

发展能力的决定性一环。上课要做到：

1. 课前准备好上课所需的课本、笔记本和其他文具，并抓紧时间简要回忆和复习上节课所学的内容。

2. 要带着强烈的求知欲上课，希望在课上能向老师学到新知识，解决新问题。

3. 上课时要集中精力听讲，上课铃一响，就应立即进入积极的学习状态，有意识地排除分散注意力的各种因素。

4. 听课要抬头，眼睛盯着老师的一举一动，专心致志聆听老师的每一句话。要紧紧抓住老师的思路，注意老师叙述问题的逻辑性，问题是怎样提出来的，以及分析问题和解决问题的方法步骤。

5. 如果遇到某一个问题或某个问题的一个环节没有听懂，不要在课堂上“钻牛角尖”，而要先记下来，接着往下听。不懂的问题课后再去钻研或向老师请教。

6. 要努力当课堂的主人。要认真思考老师提出的每一个问题，认真观察老师的每一个演示实验，大胆举手发表自己的看法，积极参加课堂讨论。

7. 要特别注意老师讲课的开头和结尾。老师的“开场白”往往是概括上节内容，引出本节的新课题，并提出本节课的目的要求和要讲述的中心问题，起着承上启下的作用。老师的课后总结，往往是一节课的精要提炼和复习提示，是本节课的高度概括和总结。

8. 要养成记笔记的好习惯。最好是一边听一边记，当“听”与“记”发生矛盾时，要以听为主，下课后再补上笔记。记笔记要有重点，要把老师板书的知识提纲、补充的课外知识、典型题目的解题步骤和课堂上没有听懂的问题记下来，供课后复习时参考。

三、做作业是学习过程中一个重要环节。通过作业不仅可以及时巩固当天所学知识，加深对知识的理解，更重要的是把学过的知识加以运用，以形成技能技巧，从而发展自己的智力，培养自己的能力。作业必须做到：

1. 先看书后作业，看书和作业相结合。只有先弄懂课本的基本原理和法则，才能顺利地完成作业，减少作业中的错误，也可以达到巩固知识的目的。

2. 注意审题。要搞清题目中所给予的条件，明确题目的要求，应用所学的知识，找到解决问题的途径和方法。

3. 态度要认真，推理要严谨，养成“言必有据”的习惯。准确运用所学过的定律、定理、公式、概念等。作业之后，认真检查验算，避免不应有的错误发生。

4. 作业要独立完成。只有经过自己动脑思考动手操作，才能促进自己对知识的消化和理解，才能培养锻炼自己的思维能力；同时也能检验自己掌握的知识是否准确，从而克服学习上的薄弱环节，逐步形成扎实的基础。

5. 认真更正错误。对于作业中出现的错误，要认真改正。要懂得，出错的地方正是暴露自己的知识和能力弱点的地方。经过更正，就可以及时弥补自己知识上的缺陷。

6. 作业要规范。解题时不要轻易落笔，要在深思熟虑后一次写成，切忌涂改过多。书写工整，步骤简明有条理，完整无缺。作业时，各科都有各自的格式，要按照各学科的作业规范去做。

7. 作业要保存好，定期将作业分门别类进行整理，复习时，可随时拿来参考。

四、复习。复习的主要任务是达到对知识的深入理解和掌握，在理解和掌握的过程中提高运用知识的技能技巧，使知识融会贯通。同时还要通过归纳、整理，使知识系统化，真正成为自己知识链条的一个有机组成部分。复习要做到：

1. 当天的功课当天复习，并且要同时复习头一天学习和复习过的内容，使新旧知识联系起来。对老师讲授的主要内容，在全面复习的基础上，抓住重点和关键，特别是听课中存在的疑难问题更应彻底解决。重点内容要熟读牢记，对基本要领和定律等能准确阐述，并能真正理解它的意义；对基本公式应会自行推导，晓得它的来龙去脉；同时要搞清楚知识前后之间的联系，注意总结知识的规律性。

2. 单元复习。在课程进行完一个单元以后，要把全单元的知识要点进行一次全面复习，重点领会各知识要点之间的联系，使知识系统化和结构化。有些需要记忆的知识，要在理解的基础上熟练地记忆。

3. 期中复习。期中考试前，要把上半学期学过的内容进行系统复习。复习时，在全面复习的前提下，特别应着重弄清各单元知识之间的联系。

4. 期末复习。期末考试前，要对本学期学过的内容进行系统复习。复习时力求达到“透彻理解、牢固掌握、灵活运用”的目的。

5. 假期复习。每年的寒假和暑假，除完成各科作业外，要把以前所学过的内容进行全面复习，重点复习自己掌握得不太好的部分。这样可以避免边学边忘，造成高三总复习时负担过重的现象。

6. 在达到上面要求的基础上，学有余力的同学，可在老师的指导下，适当阅读一些课外参考书或做一些习题，加深对有关知识的理解和记忆。

五、考试是学习过程的重要环节。通过考试可以了解自己的学习状况，以便总结经验教训，改进学习方法，为以后的学习明确努力方向。考试时应做到：

1. 要正确对待考试。考试是检查学生学习效果的一种方法，考得好，可以促进自己进一步努力学习。考得不好，也可以促使自己认真分析原因，找出存在的问题，以便今后更有针对性地学习。所以，考试并不可怕，绝不应当产生“畏考”心理，造成情绪紧张，影响水平的正常发挥。

2. 做好考试前的准备工作。首先是对各科功课进行系统认真的复习，这是考出好成绩的基础。另外，考试前和考试期间要注意劳逸结合，保证充足的睡眠和休息，保持充沛的精力，这是取得优异成绩的必要条件。

答卷时应注意的主要问题是：

a. 认真审题。拿到试卷后，对每一个题目要认真阅读，看清题目的要求，找出已知条件和要求的结论，然后再动手答题。

b. 一时不会做的题目可以先放一放，等把会做的题目做完了，再去解决遗留问题。

c. 仔细检查，更正错误。试卷答完以后，如果还有时间，就要抓紧时间进行检查和验证。先检查容易的、省时间的、错误率高的题目，后检查难的、费时间的、错误率低的题目。

d. 卷面要整洁，书写要工整，答题步骤要完。

3. 重视考后分析。拿到老师批阅的试卷后，不仅要看成绩，而且要对试题进行逐一分析。首先要把错题改正过来，把错处鲜明地标示出来，引起自己的注意，以便复习时查对。然后分析丢分的原因，并进行分类统计。看看因审题、运算、表达、原理、思路、马虎等因素各扣了多少分；经过分析统计，找出自己学习上存在的问题。对做对了的题目也要进行分析，检查自己对题目表达是否严密，解题方法是否简便等。

4. 各科试卷要分类保存，以便复习时参考。

5. 杜绝各种作弊现象。

六、课外学习是课内学习的补充和扩展，二者是相互联系、相互渗透的整体。在搞好课内学习基础上，适当进行课外学习，可以开阔自己的知识领域，发展个人的兴趣、爱好和特长，同时对课内学习也会起到有效的促进作用。课外学习应注意：

1. 可根据自己的学习情况，有目的地选择学习内容，原则是有利于巩固基础知识，弥补自己的学习弱点。

2. 可以根据自己的特长和爱好，选择一些有关学科的课外读物学习。

3. 课外阅读一定要从自己的实际出发，量力而行，宁可少而精，也不多而滥，切忌好高骛远、贪多求全。

七、实验课实验是理论联系实际的重要手段，实验的目的是加深对理论的理解和有效地扩大知识领域，培养观察能力、判断能力、形象思维能力和动手操作的技

能技巧，培养严肃认真的科学态度。实验课要做到：

1. 实验前做好预习，明确实验的目的要求、实验原理及实验方法、步骤等。

2. 注意熟悉实验用仪器设备的名称、功能和操作方法。

3. 实验要自己动手操作，仔细观察实验现象，认真测定数据，做好记录。同时要分析出现误差的原因。严格遵守操作规程，爱护仪器设备，注意安全。

4. 实验完成后，要认真而实事求是地写好实验报告。

黄冈中学学生的经验分享

我们这样学习

雷青，黄冈中学2011届毕业生，考入清华大学。

语文方面的学习，首先要注重课本，很多题目都是改编于课本，抓住了课本就抓住了根本；其次要有自己的改错本，并花时间反复记，记住错误才能学到新知；还有就是坚持写周记，这不仅能提高写作能力，还能提高思考问题的能力。总的来说，语文就是多记多练，输入的多了，输出的才会多。

数学的学习也很看重基础，遇到很多看似很难的题目时，若能从最基本的入手做尝试，或许能使问题变得简单。而很多很简单的题目，考查的则是是否注意了细节，正所谓细节决定成败，平时做完题目后要勤对答案，答案能指出我们做错的，提醒我们易错的，教给我们不会的，若做完后不对答案，只能算完成了一半；数学还需注意积累一题多解的方法，这能拓宽我们的思路，还能在关键时刻提供更多选择。

英语方面我总结的经验是：单词为基础，语感是优势，阅读要速度，写作靠积累。单词需要花时间多背多记，语感靠早读和晚读多开口，阅读速度取决于平时的阅读量，写作则在于积累，积累好的表达方法和高级词汇。坚持做好各方面，英语成绩自会有提高。

对于理综，基础是各科都学好，至于技巧方面，一要保证速度，这得靠平时练习理综试卷时，都坚持控制时间，这样才更有效果，并且到考试的时候，心里也就有底了；二要注意细节，很多重大的错误都是由于忽视细节而造成的，很多卓越的成功也仅是因为很好地注意了细节而取得的；三要能抓住重点，当时间有限的时候，要头脑清楚，值得放下，做出最佳的选择，实现成绩的最优化。

张旭，黄冈中学2011届毕业生，保送入清华大学。

很多人都在纠结学习方法的问题，我也参加过学校开展的很多进班交流学习经验的活动，包括平常所见到的周围那些学习很优秀同学的学习情况，总结发现几乎都可以归纳为态度踏实和坚持不懈。具体的学习方法都是其外在的，根据自身性格所确定的，因此每个人的学习方法都是不同的，照搬他人的也不一定起作用。

我们可以根据自身特点制定相应的学习计划，这里面我觉得最重要的并不是计划的内容，最关键还是我们的执行力，不用担心坚持会没有收获，坚持下来，你其实已经成功了一大半，这也是为什么那些优秀的学生通过不同的学习方法都能拿到好的成绩的原因。

潘朝强，黄冈中学2009届毕业生，2009年高考黄冈市文科状元，考入清华大学人文社会科学院。2013年以第二名的成绩免试推研进入清华大学公共管理学院学习。

方法决定胜负，心态则决定成败，临阵磨枪只能糊得一时的烂墙，运筹帷幄才能决胜于千里之外，在学习中摆正心态，自信坚强、不骄不躁、稳扎稳打，才能笑到最后。

在学习心态中，最重要的是正确认识和分析自己，结合自己的优势和劣势，对学习和发展做出长期规划、确定短期目标，是学习犹如跨栏一般，越过一个个目标，直达最后的终点。古人说。“不谋万世者，不足谋一时；不谋全局者，不足谋一域”，只有首先有了细致的全盘规划，实现一个个小目标，积小胜为大胜。才能赢在起跑线上。

其次是培养主动学习、学会思考的能力，总结形成一套属于自己的独特方法。在做学问方面，我很崇拜中山大学的校训，“博学、审问、慎思、明辨、笃行”，通过深入思考得来的结论，远远比简单背诵记忆一百遍更深刻。思想的深度，决定了人生的高度。只有学会独立思考、培养分析批判的思维能力，才算掌握了获取知识的钥匙。

第三是提高应对挫折的能力，善于从不利的处境中发现希望，主动扭转劣势，激发潜能，最终实现目标。自强不息、厚德载物。苏轼曾说，“古今成大事者，不惟有超世之才，亦必有坚韧不拔之志”。为什么古人卧薪尝胆、破釜沉舟能够取得成功？关键就在于，他们能够拒绝安逸，敢于对自己狠一点，激发无限潜能，成为最后的胜利者。

最后一个方面，我想跟大家分享的是高中生成长成才的经验。刘校长很早就提出了实施素质教育、德育和智育全面发展的教育理念，这一点你们的感受可能不强烈，但我的印象却特别深刻。考试分数，可以决定你能够进入哪所大学学习；但决定你在那所大学能够走多远，却关键靠综合素质。

关于学习的一些细节方面，有如下几点：

1. 听课。课堂是我们掌握一节知识的基础。上课时，我喜欢注视着老师，抓住老师所讲的重点，同时学会做笔记，老师讲的重点有时就会在不经意间说出来。上课时一定要聚精会神地听讲，以前上课时会贪多，资料书摆上一堆，但是一节课下来，就忘记了老师所讲的内容，如果上课时尽量少用其他的参考书，揣摩体会老师所讲内容的思路，那么你就对一节课的内容基本掌握了。

2. 读书。高三的很多时间都用来读书，读书有很多种方法，不同的方法产生的效果可能有天壤之别。读书时，刚刚学完一章，就立即复习，不要从头开始。读书要有计划，比如说每周乃至每月计划要读多少，读完一课后就立即用几个关键的词语把那一课的主干记下来，复习前期背诵内容多，负担重，要学会抓关键字，把一节内容尽量缩成几个短语来记忆。朗读的时候要有激情，我觉得李阳老师说的“最大声、最快速、最清晰”这几个原则非常管用，大家不妨一试。此外，每天睡觉之前的时间也可以用来回想记忆文综知识。日积月累。你会发现收获颇丰。我们可以自己在读书的过程中，注重同类现象的比较思考，然后进行自己的专题总结，老师的总结当然比较省事，但我们真正需要的是自己的思考成果。

3. 笔记。对文综，以前我有个习惯，做过的笔记总是不大喜欢去看它，背的时候也只是背一些原因、意义之类的比较死板的内容，但实际上，笔记就是老师梳理一节内容的脉络。在复习的后期，我开始注意看着笔记复习，然后基本上就把一节内容记下来了。记住，那些我们辛辛苦苦记下来的东西，是有价值的，关键就是看你是把它“打入冷宫”，还是重用了。

4. 背诵。对于背诵，很多人很不喜欢，但它对于文科学习却是不可缺少的一环。对于书本的熟悉程度，我给自己定的目标是：不仅要知道每一节的内容，还要知道那一段文字、那一张图片在哪一页的哪个位置。有时候光背几个知识点既无聊又松散，我就会去想在书的哪一页有哪些内容，这样就很少漏掉知识点了。背诵也有很多种方法，有时我喜欢一边背一边用笔记下那一节的关键词。这种比较适合《政治》；有时用思维推进的方式，完完整整的把一件历史事件的起因、发展、结束、影响推出来，这种方法比较适合《历史》；有时就拿着一张图，根据它来发散思维，这种比较适合《地理》，这个过程既锻炼了归纳总结能力，也锻炼了读图能力，一举两得。还有谐音记忆一些比较容易混淆的时间、地点、历史事件等。总的来说，读书不应该变得枯燥，知识绝对不是死板的，死板的只有人，只要找到自己学得有趣的办法，哪怕是别人觉得奇怪的方式。记住，你是在为自己记忆，这种“为达目的，不择手段”正是我们所必需的。

5. 解题。分析问题，首先要找准材料最想说明的主题，然后找关键字，由关键字来引出与之相关的原理。这其实考验的是我们思维的广度和深度。现在的高考复习资料很多，但真正说得上对我们有用的是需要我们去精读的那几本。可以找一些分析时政热点的材料，自己尝试着去分析、锻炼自己的分析能力。我不喜欢平时做大量试卷，重点研究的应该是历年的高考真题，这样的一些题目往往在风格上有一定的连续性，多做多研究，就会收获很多分析、答题的方法。拿到别人的一套模拟题，翻翻选择题、材料题默想一下，然后看看参考答案，找一下自己分析的角度的问题，或者是对课本的掌握的问题，对症下药，写下自己的不足，觉得有价值，做上记号，复习时看看就可以了，做题是应当适可而止的。文综的题型也是可以积累的，比如说政治题型中对哪一类现象的意义分析，历史题型中对某一类经济文化社会现象的角度分析，都是我们可以积累的题型。

考试答题，要注意答案的段落化、要点化、有序化。有平时要注意答题套路和术语的总结，但是千万不要迷信它，每次都不辞辛苦的写上去，因为高考是很少有那么多套话的，最重要的还是我们分析问题，把材料与课本结合起来的能力。

题目做完之后，还有一件很重要的工作，那就是根据参考答案来分析自己的答案，找出自己知识点和思维方式的盲区，把觉得错得具有代表性的题目积累下来，组成一个错题本，过一段时间翻看一遍，不断地督促自己改正缺点。有时，还可以花时间来研究一下高考试题的参考答案和一些重要考试题的参考答案，从中学习答题思维和答题要注意的一些内容。

王一凡，2004年考入黄冈中学理科实验班。2007奥赛金牌得主，保送北京大学。

学习的第一个秘诀是要专一，或者说集中精力。它也是成功的一大秘诀。当最柔弱的生物把它的精力集中在唯一的事物上时，它就可以取得成就，而当最强大的生物把它的精力分散于许多事物上，就可能会一事无成。持续的水滴可以穿透最坚硬的岩石，而当急流呼啸而过时，它却未留下一丝痕迹。有许多人没有成功是因为他们宁愿做一个过得去的万事通也不愿做一个无敌的专家。说到这里，有人不免会问：这和现在提倡的素质教育和全面发展的方针有没有矛盾呢？没有！我在这里绝不是让大家只顾学习而放弃其他的一些特长和爱好或者是只学习某一门功课而放弃其他的。我在这里所说的“专一”是针对学习任何一门学科而言的。换句话说，我在这里所说的“专一”是指要制定一个计划，明确一个目标，然后为之竭尽全力。有不少同学的确是在非常刻苦地学习，但是学习成绩总是上不去，正是因为他们没有了解这个道理。一个聪明的人会挖遍整个大陆去寻找银子和金子吗？我们需要的仅仅是一个坚定不移的目标。

然后怎么办呢？这就需要学习的第二个秘诀：勤奋。前面我谈到了学习应该有一个明确的计划和目标。然而仅仅有计划而不为之刻苦地奋斗是不行的。这就如同你建造一座房子，你已经画出了精美的，无懈可击的蓝图，细致到了窗帘的颜色和花纹，但是如果你不去付诸实施，它永远也只会存在于想象中。要想在学习中取得成功，不去付出辛勤的劳动和汗水是不可能的。花费大量的时间是勤奋学习的前提。有的人说：时间是金钱，也有人说：时间是效率。但是，时间远远不止这些，可以说，时间就是一切。只要你投入了足够多的时间，完成了量的积累，就必然会有一个质的飞跃。有的人认为他比别人的理解能力更强，掌握知识比别人更快，所以可以少花些时间，不用像别人那样勤奋地学习。但是我们必须想到，如果连爱因斯坦那样的大家公认的天才都说：天才是等于汗水加上灵感。那我们怎能希望不付出汗水就取得某项成就呢？王安石笔下“伤仲永”的故事相信大家都知道。仲永可以说是一个不折不扣的“天才”，五岁便能作诗，且颇有文采。但其父并未让其认真地学习，而是每天带他游讲于亲友之间，浪费了大好时光。最后呢，只落得个“泯然众人矣”的下场。王安石最后下结论说：仲永的才能是受之于天的，但他不经过后天的学习，才成为众人，今天我们这些本来就是众人的人再不学习，连想成为众人都难啊。不珍惜时间的人最终是经不起时间的考验的，他可能在某次或某几次考试中侥幸考得很好，但长期下来他所取得的成绩仍是与他付出的汗水成正比的，这是统计学规律在大量实验中的必然性所决定的。对此我想对即将参加高考和中考的高三和初三的同学们说几句话，你们此刻可能面对升学问题带来的巨大的压力，但是你们必须坚信“天道酬勤”这一个简单的真理。只要你付出了辛勤的劳动，便无须畏惧什么。我认为，中考和高考所含的价值，绝不仅仅在于能使你考上一个好的高中或大学，而在于告诉我们一个普遍的真理：只有勤奋才能取得成绩。这在我们以后的人生中是非常重要的。纵使你在这次考试中因为某些非人为的因素失利了，只要你坚信这个真理，在以后的人生中，继续去奋斗，你的人生一定会散发出应有的光芒！

方驰，2003年进入黄冈中学，2006年考入清华大学航空航天学院。

在黄冈中学，我得到的很多，我懂得了如何学习，更学到了怎样去生活，怎样寻求人生真正的快乐。

虽然大多数的时间是与书本为伴，但我们应当学会在学习之余放松和调节。高中时，我经常在周末沿江堤骑车骑到很远，经常在晚自习上到一半到操场跑上几圈。这些对于时间很紧的高三同学来说，是切实有效的放松与调节的好方法。毕竟学习之中难免会无聊和乏味，利用这样的机会去改变一下自己的生活，这对你的学习还有身体都是很有好处的。

关于学习的方法，主要是理清知识结构。特别是在复习之中构建自己的知识网络，然后针对每一知识点，各种不同类型的习题都应到位，多做中档题，难题适当做。重视课本，这一点在数学、化学、英语、生物四门显得尤为重要，数学中定理、公理的内容与推导方法必须了然于心；化学中把课本中重点的化学方程式串成一条条线，等等。往往会事半功倍，对于试验的操作和现象要熟记，重视做试验的过程（实际操作）；英语多读课本，重点的句子要多背，可以准备一个小的背诵本，带在身上，随时记录随时背，阅读每周老师布置的任务外，再加三至四篇即可；生物与英语差不多，对于课本中的小问题要非常留心。语文基础知识在于平时的积累，也可以用一小本摘抄，随时记录随时背。物理中注意定理间的联系，如功、能之间的联系，牛顿三大定律，动能、动量定理，这些基本的定理可通过做综合题来串通，而对于一些小的知识点，如波、热、光也得多记。

仅仅掌握上述的学习方法还是不够的，我觉得很重要的一点，要有一种“冲劲”。年轻人吧，没有一点激情是不行的。高中时，我给别人的印象就是精力旺盛，干劲十足。

我可能在初接触某种知识时不是很行，但是我会马上提醒自己，安排时间无论如何也要赶上去。到了清华，才发现这儿的很多人都跟我差不多，有激情，精力充沛，有的甚至每天只睡 4 至 5 个小时，当然我并不提倡大家这样做。

总结我的高三生活，虽然比较忙碌，但是似乎不是很累，买了很多的参考书，做的没有几本。希望高三的师弟师妹们能够吃好、睡好、学习好，不要熬到半夜 12 点，让自己的头脑处于清醒的状态十分重要！

余洋，2003 年进入黄冈中学，2006 年考入清华大学材料科学系。

人说高三是最辛苦的一年，但奇怪的是我并没有这样的感觉，也许是因为我有点像“工作狂”，有时我连续做四五个小时的题都不觉得累。但上课听讲和对知识的思考是必要的。如果不假思索地去做题，反而会觉得相当累。在复习过程中，考试是少不了的，我认为不要把考试看得太重，毕竟这一次没有考好，还会有下次。只要能把心态调好，就不会把精力浪费在学习之外的事上了。

吴辉 2003 年进入黄冈中学，2006 年考入清华大学水利系。

数学是高考的重头戏，因为它分值高，而且一般考得也很难，因此它成为很多同学的“眼中钉”，欲拔之而后快。其实，若能把自己的数学学习搞上去，那么在高考中，这颗“钉子”将会变成你手中的利剑。下面就说说我在学习数学上的一点心得吧，仅供参考。

我个人认为学习数学最难之处在于怎么做好笔记。在刚刚步入总复习的阶段，应该至少备有以下三种笔记本：

首先是课堂笔记本。要做好课堂笔记并不容易，你不仅要记下老师板书的重点，对那些老师由于时间关系并未写下的只是口头提到的小知识点、易忽略点也应重点记下。要真正做到“宁可多记百条，不可遗漏一点”。另外，自己在跟随老师思考的同时脑中所迸发出的灵感也应记下。

其次是改错本。这个本是必要的，它是一个十分重要的环节，它是能最快提升数学成绩的方法之一。改错，不仅是考试时做错的题，也要改平时作业中的错题和资料书上的错题，只要是你觉得值得改的，都应该有资格进入你的改错本。平时没事时常拿出来看看，考试前更要拿出来看看。且不说你会不会碰到，最起码能极大地增强自信心。

然后是一个总结与归纳本。对于平时做过的一些经典题，同类型题都应该记下来，最好能附上自己的一点想法和评价。对于同一方法下的无数子题，也最好能遇一种写一种，直到全部歼灭。因为不同题的条件不同，尽管方法一样，所应用的角度也不同，从已知条件到解题环境的构造方式不同，而这正是我们学习的一个重点。当然，随着复习的不断深入，个人知识面的不断拓宽，还应逐步配备专题本、方法本等。

另外，应该学会如何利用好一些零碎的时间段。我的建议是，在要去吃饭或是上厕所之前，记下一道蕴含特殊方法技巧的题目，反复思考，直到一见到它整个题解过程就呈现在脑海中为止。一星期两道或更多，效果非常好。

在逐步进入总复习的阶段，我认为可以开始做高考题或模拟题。我的建议是，每星期抽一定时间来完成一或两套数学试卷。做试卷是开阔视野，见识新题，巩固知识的最好方式。若能做好笔记，好好利用试卷，真的是会受益无穷的。到高三下学期，会有各种模拟题亮相，也很便宜，时常买来做做，练练手。强度也应适当加大，两天一套甚至一天一套，可以根据自己的实际情况和消化能力而定。多了并不一定好，关键在于消化。试卷做得多了就会慢慢发现，其实数学就是几种方法，几种题型，一些计算，掌握熟练了就没什么。

当然上面所说的做笔记、做试卷是一个漫长的过程，需要长期坚持。许多人都知道该怎么学，但就是很难坚持下去。我觉得呢，学习数学，应该把它当作一门艺术来欣赏，并且去积极创造，人们对于创造艺术的过程总是有一种冲动的，这就是你坚持的动力。拿我来说吧，我在做数学方法技巧笔记时，曾将它与语文结合起来。例如，在分离变量法这一节，我写上“山重水复疑无路，柳暗花明又一村”；在转化法这一节，我写上了“世界上最遥远的距离，不是生与死，而是你站在我面前，我却没有发现你”。感觉就特别有意思，老有股找题、找方法的冲动。这只是我的一点粗糙的创造，但效果挺好，可以试一试。数学的各方面，都可以在其中寻觅艺术的影子。这艺术的影子，将让你在学习上掌握主动权。

清华有句口号“为祖国健康工作五十年”。相信大家都明白其中的道理，每天晚上到操场跑上几圈，运动运动，甩掉一天的疲惫，再睡个好觉，第二天又是崭新的一天。

周琦凯，2001年进入黄冈中学，于2004年6月考入清华大学经济管理学院学习。

我始终认为，学习的第一要诀是勤奋。任何方法性、策略性的东西离开了勤奋就无从谈起。“学习是灯，努力是油；要想灯亮，必须加油。”打个不恰当的比喻，勤奋努力就好比练习武侠小说里的《易筋经》：无论多么笨拙的方法，只要配以努力勤奋，就必定可以“化腐朽为神奇”，从而取得可观的成绩。

但不得不承认的是，学习的过程中的确存在一些技巧性的东西，上苍的确为每个人都准备了一套最佳的学习方法和策略，只不过我们很多人没有找到这些技巧、方法、策略而已。一旦我们找到了，我们的学习必将少走很多弯路。以下，我将结合自己高中学习的切身体会跟大家谈一谈，希望大家有所收获。、

众所周知，高中的学习（理科）大抵分为四门：语、数、外、理综。理综包含物理，化学和生物。也就是说，我们在高中三年至少要修好这六门课程，才能为自己将来的学习打下一个理想的基础。时间是有限的，所以在各科学习的时间分配上就值得很好地去研究。这是一个相当重要的问题，不可能简单地说一天花多少时间学外语，花多少时间学化学就行了，它需要我们不断总结、反思上一阶段学习的付出与所得，再针对下一阶段内容和重难点，有的放矢地分配自己的时间，并切实将相应的时间利用好。我的建议是，大家不妨以一周或几天为单位制定一个“学习计划表”，再按此实施。

周朗，2001年进黄冈中学。2004年考入北京大学。

做好预习和自学

课前预习而“生疑”，“带疑”听课而“感疑”，通过老师的点拨、讲解而“悟疑”、“解疑”，从而提高课堂听课效率。预习也叫课前自学，预习得越充分，听课效果就越好；听课效果越好，就能更好地预习下节内容，从而形成良性循环。

当然自学的过程中肯定会遇到困难，但如果中途放弃，等于是什么也没干，相反应该更加勤奋地翻阅资料，争取自己解决问题。因为只有自己亲自做过、思考过，才会有最深的印象。有问题解决不了，可以请教别人，总之要继续下去。即使没有弄懂，当老师上课讲时，可以带着问题听课，提高了听课效率。这样，对知识的理解才最深，在以后的学习中不会轻易忘记。

注重课堂听讲

这是非常重要的，然而许多同学却没有意识到这一点，认为老师讲的都是课本上的简单知识，考试中不会考到。其实这种想法是极其错误和不可取的。老师们是非常有经验的，他们对课本知识的理解是非常透彻的，老师课上所讲的内容，都是经过他们认真备课的，都是学习中的重点和难点。而且老师们都善于将一些难的问题通俗易懂地讲解，这是学生吸收知识的最好时机。如果仅凭自己对课本内容的肤浅理解，考试时不会有好结果的。所以，要是上课开小差，就算课后用几倍时间去补，也不一定有效果。所以我认为课堂四十五分钟很重要。当然，这也不是绝对的。对那些学有余力的同学来说，可依据实际情况充分利用课堂时间。学习基础较差的同学就不可如此了，否则就是本末倒置。

不被同一块石头绊倒

在学习中，我们一定会遇到各种各样的难题，但随着每一次练习，每一道难题的攻克，都应该有哪怕是一丁点儿的进步。知识的积累是一步一步的，先要掌握学习的“工具”，比如一些公式，然后才能灵活运用它们解决问题。我还建议记住一些常用的结论，这也是有好处的。

而在学习过程中，错误总是有的，俗话说，“被同一块石头绊倒的人是愚蠢的”，我们应当善于总结，找出自己的薄弱环节，并加以“修补”，不让自己被同一块石头摔倒，因为在高考这个赛场上，我们犯不起同样的错误。

平时训练和考试要做好改错和总结归纳的工作。经常对作过的题目进行总结归纳，可以从中得出许多非常有用的结论或者是更好的解题方法。改错则能够加深自己对薄弱知识点的理解和记忆，避免今后再犯同样的错误。

严授，2001年保送进入黄冈中学，入选理科实验班，加入物理小组。高二、高三参加全国中学生物理竞赛，分别拿了赛区一等奖和二等奖。高三参加清华大学的保送生冬令营被清华录取。

制订计划，不仅仅是写一个简单的时间表，而是应该在充分分析自身情况的基础上，拿出一个巩固优势，弥补不足的方案，事后要及时检查方案的落实情况并做些总结。从这个意义上说，计划也不一定是写在纸上的，一堂自习有一堂自习的计划，一天有一天的计划，一月有一月的计划，形式并不重要，重要的是心里装着学习这回事。

龚诚，高二时获全国物理竞赛省级二等奖，全国化学竞赛省级三等奖，高三时获全国物理竞赛省级三等奖，2003年转学进入黄冈中学，2004年考取清华大学。

我的班主任老师程洲平老师要求我们每科都要准备一个改错本，凡是平时做错了的，或是有疑问的，或是觉得题目比较经典的都可以将题目抄在改错本上再做一遍。在改错的过程中，不是盲目机械地照抄一遍，而是要自己动脑子把问题分析一遍，为什么会做错，为什么会有疑问，都要认真推敲，想清楚，才能写在本子上，平时没事把本子翻出来看看。

其实我们只要按照老师的要求去做，再加上平时多用点心，几乎不需要再额外用多少工夫就能够在考场上取得好成绩，就像我在高考物理中拿到满分，也只是像老师要求的那样，认真做好就行。考试的时候，要求自己：1、要仔细答题，不能因为自己粗心而做错不该错的小题；2、要冷静面对，不可以紧张，导致没有发挥出真正的水平。如果在平时考试中都能够这样要求自己，并且反复锻炼自己的这种能力，相信在面对高考的时候，也一定能够发挥出自己最好水平。

张超，2001年进入黄冈中学，入选理科实验班，为数学竞赛小组成员。曾获全国高中数学联合竞赛一等奖，中国数学奥林匹克三等奖，并入选冬令营，后保送到北京大学。

学习要自主独立，这是一个人能力的体现，也是一个人真正学到东西的体现。能够从教师给予指导这种常规的学习模式中脱离，自己自主学习，自己分析问题，这是我们以后工作或是搞研究时必须办到的。

可能是环境条件的限制（父母文化不高又长年不在家，老师的水平也不好，村里没有几个书读得好的同龄人），从小学开始，我遇到问题只能自己想办法解决。自己去翻书查资料，自己琢磨问题。久而久之，自己体会到知识的精髓，也能不断地收获到成功解决问题的喜悦，对数学的热爱和兴趣也随之发展。还记得当时的我，逐字逐句地解读资料书，读完题目就自己去想办法解决它，实在做不出来，才去看书上的解答，我把自己做出的解答与书本解答作比较，找出不同点，揣摩优缺点。正是靠着这种学习方式，我进入了北大。

如何正确使用资料书？如今的书市上各种辅导资料铺天盖地，叫人眼花缭乱，无所适从。不少人抱着“宁可多买书，不错过任何一个可能”的念头，买回一大堆资料书，弄得自己“好读书而不求甚解”，没能真正透彻地理解知识，正是捡了芝麻，丢了西瓜，得不偿失。我认为，学习资料在精不在多，关键在于对课本的学习上，要知道辅导书是帮助我们学习课本的，是对课本某种程度上的补充拓宽，但万变不离其宗，课本是根本。

循序渐进地学习。我以学数学为例：

第一步，应理解并记忆基础知识，这是积累的过程，我们可以参照资料书的归纳总结来记忆理解。

第二步，是做一些基本的运算题目，对辅导书中这一部分的内容要求能够清楚地写出运算过程，准确地计算每一步，关键的是要训练自己的速度。快速、准确是这一步的要求。

第三步，综合运用知识。对辅导书中的这部分内容要求自己迅速分析问题，提出解题思路。可以在书上写出思路和重要的步骤即可。这一步训练我们的思维能力，要求迅速。

第四步，要归纳总结，这是收尾工作，极容易被忽略。其实这一步才是我们能力提升的一步。我们应该对已做的题目全方位地思考，比较各种解法，分析问题本质，从而举一反三，融会贯通。

陈淞，2001年进入黄冈中学理科实验班数学小组学习。一年后，在全国数学联赛中获得湖北省第六名，高二学生中第一名。进入全国数学冬令营，获三等奖。2003年获全国数学联赛一等奖。后保送到北京大学。

三年的高中生活，在学习方面，我觉得最重要的是安排学习和复习计划。记得当时数学教练每隔一段时间就会让我们制定一段时间的计划，而且时常问我的计划情况。合理地安排时间是非常重要的，每人的情况都不相同，不可套用他人的学习程式，只有根据自己的实际情况，明确自己擅长的和薄弱的部分，再据此安排时间，增强薄弱的部分，整体进步，才能获得好的成绩。

光有一个好的计划是不够的，对计划的实施至关重要，没有实施的计划只是一张白纸，按照计划去学习，做一天很简单，要长期地坚持，经过长期的学习，一定会有很大提高。在这个过程中，要注意灵活，计划在实施前不可能真正明白它的好坏，已定计划实施一段时间后，被证明是不利于进一步提高时，要及时修改，但不能因为难以实施而轻易改变。

任何一个学生可能都面临过这样一个问题：学习时注意力难以集中，容易分心。我的做法是在分心的那一刻，立刻想想能给自己压力的事，让自己重新集中注意力。但压力的事平时最好不要想，过多地考虑压力会让人难以承受。

另外，对于考试，应该奉行战略上重视，战术上藐视的策略。平时学习十分重视将要参加的考试成绩，给自己压力，但在考试之前那一段时间和考试时，则要给自己减压，要轻视考试结果，告诉自己，那代表不了什么。考完一次后，当然需要分析，但不能把精力过多地放在过去的考试上，要将精力放在将要来临的考试上，从过去的考试中汲取经验，开始新的安排，为新一轮学习做准备，过去的无法改变，而未来的可以改进。

LIGHT THE WISDOM

教育魔方九

集体备课造就神奇教学效果

黄冈中学的人文精神主要表现在她的人梯精神、人性管理、人文环境等三个方面，概括起来为三个大写的“人”字，三“人”为众，众志成城，精心打造黄冈中学的教育品牌。

黄冈中学前校长 陈鼎常

教育者的个性、思想信念及其精神生活的财富，是一种能激发每个受教育者检点自己、反省自己和控制自己的力量。

——苏霍姆林斯基

教育不能创造什么，但它能启发儿童创造力以从事于创造工作。

——陶行知

教育！科学！学会读书，便是点燃火炬；每个字的每个音节都发射火星。

——雨果

教功课的首要任务在于深切体会编得相当好的课本的内容，引导并且帮助学生去观察，去实验，去思索，为学生将来进一步学习……打下坚实的基础。

——叶圣陶

黄冈中学讲台不好上

集体备课是黄冈中学的优良传统。黄冈中学讲台不好上。该校明确规定，没有经过集体备课的教案是不能进入课堂的。黄治民介绍，黄冈中学特、高级教师是黄冈中学的“将领”级人物，他们分布在不同的年级备课组。面对每一次新课，备课组确定一个老师为“中心发言人”，由他讲解课程的重点、难点、练习设置，其他教师则予以补充和完善，最后形成共同的教案，所有同一科目老师把集体教案引入课堂，连做多少练习题都是全年级基本统一的。至于教学效果，则通过每个老师独具个性的语言艺术和课后辅导来实现。

老师传授知识，学生学习知识，主要是在课堂上。语文特级教师倪哲先认为，深入备课是提高课堂教学质量的关键。

教师在集体备课时，必须精心钻研教材、认真讨论、发表真知灼见、互相学习借鉴，使集体备课的过程成为发现、创造、互相启发、集思广益的过程，避免只为统一进度，走过场。

——黄冈中学教学管理规定

学术之争在黄冈中学集体备课过程中是经常可以看到的。老师与老师之间不存在封锁。这是黄冈中学多年来形成的良好氛围。学校有位“老特级”曾经这样总结黄冈中学的教师队伍状况：“我们的教师正在进行一种接力赛和拔河赛，年级之间老师的合作非常好，高一的老师会为高二的老师着想。同一年级、同一学科的老师则强调团结的力量。”

集体备课这一做法也许不是黄冈中学的独创；但是，要想把这种行之有效的教育教学活动形式长期坚持下去，并形成制度、规范和特色，也并不是十分容易的。在这一活动中，关键是要有一个氛围，要能够真正调动和激发学科备课组全体成员的智慧和经验，并最终形成一个能够集中备课组成员智慧的，而且又是可供实践操作的教育教学方案。在这一点上，黄冈中学的老师们不仅做得深入、扎实，富有实效，更为可喜的是，在黄冈中学，这种集体备课的模式已经演变成了一种教育文化，它融入了黄冈中学教师们的敬业精神和善于合作的团队精神、协作精神。龚霞玲老师表示，在集体备课方面自己可以说是毫不保留，包括搞竞赛，她都会及时地把自己使用的一些资料和总结出来的方法告诉其他老师，这样，学生在整体上进步大一些，对自己的教学工作也是一个促进。

黄冈中学有人认为，长期坚持的集体备课制度是其成功的“法宝”。其他的任何做法和条件别的学校都有，都能做到，譬如学生学习动力问题，贫困地区的学生都有这个特点；而黄冈中学在集体备课这一点上是做得最好的。备课环节抓得好，这是提高教育质量的保证。黄冈中学的集体备课包括备教材、备学生、备教法、备学法。具体做法是同一个年级相同学科的老师在一起，采取中心主讲、轮流发言的方式集中所有教师的智慧，在主干知识、提纲、例题、作业等方面形成统一的模式。这种集体备课的方式，有两个重要的作用，一是提升教师素质，二是提高教学效果。实际上集体备课成了老带新的一个重要的途径，三年内从一年级到三年级，经过这样一个轮回，青年教师就会比较迅速地成长起来。

2013 年 9 月，为发挥名师的示范、引领指导作用，黄冈中学为英语特级教师孙锋专门设立了孙锋名师工作室。孙峰也时刻把学校的荣辱兴衰系于心上，把对青年教师的培养作为己任。黄冈中学每年都要从全国知名大学里挑选很多优秀师范生，他们有的来自黄冈当地，有的来自省内或省外其他地方，他们都是经过严格挑选、受聘而来的，他们都毕业于名校，来后很快就成了学校教师中的中坚力量。英语组中也充实了这样的老师，他们好学能干，基础扎实，充满活力，但也面临着经验不足的问题。孙老师说他的作用就是充当“伯乐”，在成长过程中推他们一把，调动他们的积极性，经常让他们上公开课，让他们发表文章，让他们觉得在这儿有奔头。尽管孙老师在另外一个年级任教，他每年都要参加一次初、高三英语组的集备，对如何组织学生复习、如何通过研究前一年中、高考的试卷来指导英语复习教学提出自己的建设性意见。

孙老师认为，作为老师，我们要善于反思（reflection），不断反思，不断总结，不断否定自己。我们要从经验型的外语教师向科研型的教师转变。老师应该“学习新课标，研究新问题，站得高，看得远，就不会被一些细小的事情捆住手脚。”孙老师提出了高中英语语言点教学“六法”及初中英语“听说领先、读写跟上、注重阅读”的教学方法以及高中英语“四位一体”（以话题引出对话，突出情景教学；对课文进行整体教学，侧重培养学生的阅读能力；以课文为基础，以交际为手段，培养学生的灵活运用语言的能力；加强听力，启发指导学生写作。）的教学实验。这些实验受到省教研室、市教研室的充分肯定；在省、市有很大影响。在本校三科联赛和中高考中都取得了理想的成绩。

孙老师鼓励更多的英语老师去参加学习，去思考问题。他要求英语教师要以以下六条标准来要求自己：一、履行重要的社会义务；二、系统知识的训练；三、需要持之以恒的理论与实践训练；四、高度的自主性；五、经常性的自我进修；六、团体的伦理规范。他说，这是他在英国进修学习期间所总结出的，是对教师专业化提出的六条标准。

"集体备课"为什么是法宝？

名校成其为名校，是因为有很多名师。在学校里，教师构成了学生的最重要的环境。林语堂曾经说过一句十分经典的话：在牛津和剑桥，学生们是在教授的烟斗里熏出来的。由此可以看出，由教师本身素质所形成的氛围对学生可以造成更深的影响。

现在黄冈中学在岗教职工 310 余人，两人名列湖北省十大名师，陈鼎常校长和龚霞玲老师同时为十届全国人大代表，4 人为享受国务院政府特殊津贴的专家，10 人为省部级专家，先后评选出 32 位特级教师，现在岗的特级教师有 12 人，高级教师 113 人。这是一支阵容可观的教师队伍。

那么，为什么黄冈中学能够名师辈出呢？中央教育科学研究所原所长朱小蔓教授一语中的。他说：**"高质量教育的关键在于教师的质量，在于课堂的高效而有活力。他们（黄冈教师）讲求的是集体合力，重视教学智慧的互补与优质教育资源的共享。"**

刘折谷任教高三两个班的语文，他说："在黄冈中学，只要有时间，年轻教师可以随时去听老教师的课，也可以邀请老教师、领导去听自己的课。年轻教师虚心好学，老教师'传帮带'，毫无保留，身处其中的年轻教师可以迅速地成长起来。"这一点，陈鼎常在谈到学校的教学管理时，首先强调的就是坚持听课制度，要求四长（分管校长、蹲点校长、教研组长、备课组长）两主任（处室主任、年级主任）深入课堂，坚持听课。物理特级教师徐辉也深有感触地说：就单个的教师而言，我们的教师走出去也许并不一定就比别人强多少；但是，作为一个团队，我们学校的教师队伍是有战斗力的。

在黄冈中学，教师队伍的团队精神首先体现在教学及人才培养的工作实践之中。在多种场合，黄冈中学的领导和教师们都在向人们介绍学校的集体备课制度和方法；龚霞玲老师在谈到黄冈中学教育的秘诀是什么的时候说：我认为是教师队伍团队的精神，以及老师们的敬业精神。她说，目前我国的基础教育，各个学校同一个年级的教学大纲、教材以及教学时数都是相同的，考试也是相同的；同时，各个学校也有一批好的教师，在教学的层面上老师能力和水平的差别也不是很大。但不同的是，有的学校基本上是教师各自为战，你做你的，我做我的，没有形成合力。一个人的力量和智慧总是有限的，大家经常在一起讨论问题、研究问题，会使一个团队整体得到提升。曾经有一个老师在我们学校教了几年，后来到了其他的学校，他对龚霞玲老师说，他忘不了在黄冈中学的几年，那几年他在黄冈中学业务水平提高得很快。同样一个大学的学生，学校毕业后，在黄冈中学教几年，与在其他学校出来的教师水平就不一样，这说明黄冈中学的集体备课以及这种教学制度体现出的团队精神发挥了重要的作用。

其次，黄冈中学教师队伍的这种团队精神还体现在教师之间人格上的相互尊重，业务上相互学习，生活中相互帮助。在黄冈中学，老教师对新教师实行传帮带，是一个传统，同时也形成了相应的制度；同时，学校对老教师、老领导的关怀、帮助也能做到细致入微。在黄冈中学，为年满 70 岁的老教师祝寿，也成了一个传统、一项制度。在每年为老教师举行的祝寿会上，青年教师向老寿星献上了鲜花并点燃生日蜡烛，在老寿星吹灭蜡烛后，学校领导为老寿星赠送寿礼，发表祝词。在这充满温馨的氛围里，新老教师感受到的是教师职业的幸福和学校教师大家庭的温暖，也就是在这充满温馨的氛围里，教师团队精神在孕育，在升华。

另外，黄冈中学教师管理过程中的柔性管理和人性化管理的理念、原则和方法，为黄冈中学教师的团队建设和团队精神的形成，发挥了制度和机制上的保障、促进作用。徐辉老师在介绍学校教师管理的制度规范时说，黄冈中学在对外宣传中强调的人性化管理绝不是一种空洞的套话，也不是为了赶时髦而编造出的口号，这种柔性管理和人性化的管理实实在在地体现在教师管理的各项制度规范之中。譬如，学校提倡教师集体办公，但是对教师办公的时间和地点没有做硬性的规定，这样的规定是符合教师劳动特点和规律的，因为教师的八小时内外是没有办法截然地区分开来的。对于教师工作量和工作业绩，学校总体上采取的是模糊评价法，而没有搞所谓的量化管理，这样有利于增进教师之间的团结，增强整个教师队伍的凝聚力。学校也搞奖励，但是奖励通常是对集体，对某一个年级或某一个备课组，很少突出地奖励某一个人。徐老师说，这样的管理方法也许会出现竞争力不足的问题；但是，从学校这些年的实践看，这方面的问题表现得并不突出，因为在我们学校这样的教育环境里，教师队伍从整体上看积极向上、奋发有为始终是主流。徐老师说，量化管理的方式看起来很有效，它容易调动积极性，对少数后进的人也是一个鞭策。但是，学校教育是个长期的过程，需要依赖于学校教育工作者的集体劳动与智慧。通过量化管理拉开教师之间的待遇，但是，少数人的待遇上去了，今后谁还会与他合作呢？当然这并不意味着是要搞平均主义，学校激励先进的主要方式是评优评模，包括评定职称最看重的也是教师平时工作的积极性、创造性及其工作业绩。

做一名合格的黄冈中学老师很不容易，很艰辛，很紧张。“但同时也很光荣，很愉快，很充实。”黄冈中学化学老师郭淑春说，黄冈中学跟其他中学的最大区别也许就在这里，他们个人的收入并没有跟升学率挂钩。不过，学校代代流传下来的“传、帮、带”氛围、老教师的无私帮助等优良传统，都使新教师提高很快。这种人文关怀形成的凝聚力和向心力使地处中国经济欠发达地区的黄冈中学，教师队伍始终保持稳定，就是在沿海经济迅速发展的年代，也没有出现“孔雀东南飞”的现象。

陈校长在2007年的“全国基础教育·黄冈论坛”开幕式上的讲话中特别指出，黄冈中学的人文精神主要表现在她的人梯精神、人性管理、人文环境等三个方面，概括起来为三个大写的“人”字，三“人”为众，众志成城，精心打造黄冈中学的教育品牌。人性化的管理在于，对特立独行和偶有失误的学生和老师，学校宽容对待；对志同道合和成绩优秀者，学校尊重待人。人梯精神，是黄冈中学百年辉煌的重要保证。陈鼎常非常形象地用了两个词“拔河赛”和“接力赛”，他说如果没有所有师生齐心协力，大家劲往一处使，代代相传，黄冈中学就难以继往开来。人文环境就是老师都有乐于奉献、严谨治学的精神，虽然经济不发达，工资也不见得比外地高，但是老师都有吃苦的精神，以培养学生超过自己为荣。

这三个人形成一个“众”字，实际上黄冈中学靠集体力量取胜，靠深厚的文化传统支撑。黄冈中学的经验是发挥教师集体的力量。

黄冈中学名师的经验分享

我们是这样备课的

黄冈中学语文教研组（语文特级教师倪哲先执笔）

我们建立了良好的备课制度。首先是强调搞好自备，对自备提出了明确的要求，自备情况由备课组长检查。我们更强调搞好集备，因为集备可以集思广益，提高备课质量。我们规定：每周集备两次，集备时不得无故缺席；每次集备，得有中心发言人；集备的内容和自备的相同，一是备教材内容，二是备教学方法。各抒己见，充分讨论。因为备课深入，所以我们课堂教学质量就大大提高了，做到了准确、精要。

先说准确。我们教学要注意在“准”字上下功夫，尽量做到教给学生的知识是准确的。讲课是否准确，这是衡量课堂教学质量高低的首要标准。我们的课堂教学不是照本宣科、人云亦云，课本和“教参”怎么说我们就怎么讲，而是能拿出自己的见解。例如《人生识字糊涂始》一文的“预习提示”说，这篇文章的中心论点是“应该学习和运用人民大众有生命的语言”，我们否定了这种说法，指出这篇文章的中心论点即文章题目所说的“人生识字糊涂始”，“学习和运用人民大众有生命的语言”是解决问题即变“糊涂”为明白的办法。《汉语知识·句群》把《看云识天气》中的一段话说成是由几个句群组成的，我们指出这段话是一个句群。诸如此类，纠正课本与“教参”编写者错误的例子是很多的，尤其是高中部分。总之，我们要求自己在课堂教学中做到对文章的讲解、对知识的传授尽量是准确的。

再说精要。老师在讲一篇课文时，如果是处处开花，面面俱到，即使他的讲解是准确生动的，我们认为这样的课堂教学仍不能算是好的，因为这样的教学没有针对学生的阅读实际，也不能使学生真正掌握到文章的精髓。老师要深入备课，但又不能把自己的备课所得一股脑儿倒给学生，相反，课堂教学内容要精要。

我们的课堂教学很注意这一点。有的课文关键在理清它的结构，理清了结构，其他内容就把握了，这时，我们就把精力放在理清其结构上，如在讲《义理、考据和辞章》、《理想的阶梯》等文章时就是这样做的；有的课文关键在明白作者选材和组材的匠心，明白了这一点，就学到了文章的精华，这时，我们就侧重于分析文章是怎样选材和组材的，如在讲《为了六十一个阶级弟兄》、《任弼时同志二三事》等文章时就是这样做的；有的课文关键在把握人物的形象，把握住了人物形象，其他问题就迎刃而解了，这时，我们就着力分析人物，如在讲《项链》、《变色龙》等文章时就是这样做的。再如，小说《党员登记表》有六个部分，第一部分难点较多，又是掌握全文的关键。在这一部分，作者成功地运用了环境描写、心理描写等手段来刻画人物，人物的精神风貌也得到了充分的展示，学生学好了这一部分，后边几个部分可以做到无师自通。于是我们在两个课时的教学中，用去一半的时间引导学生学习这一部分，这样，一篇万余字小说的教学就显得十分精要了。

（原载《中学语文》1995 年第 1 期，有删节）

黄冈中学学生的经验分享

老师讲课特别规范

郭炜聪，在江汉区一所省示范中学读完高二后，2007年8月转到黄冈中学。

我到黄冈中学后，从两次大考的名次看，已前进了100多名，现在在班级前20名，而在以前的学校，我只能算中等。这里的教学是不是最适合我的，我也不知道，但我的成绩确实进步了。我认为这里更多的则是形成了一个好的学习传统，因为老师都是集体备课，讨论出一个一致认可的教学方案，针对的是大多数学生的问题，比较适合中等水平的学生。

陈志平：黄冈中学校友，现为黄冈师范学院老师

老师讲课特别规范。每位老师讲课都是一板一眼，没有什么花哨的内容，讲课程式也比较简单单一。英语就是“三部曲”，单词、词组和语法，每次课黑板都满满的，抄写着各种例句。一位细心的同学在高三时整理笔记，居然“编成”一部“英语小词典”，使用起来很是方便。数学是黄冈中学的特色，但教法也很简单，从公式推导到习题练习，就是讲讲练练，一点也不神奇。有次数学老师有事，临时请隔壁班的老师来上课，结果讲的一样，连举的例子也一样。现在回想起，那应该叫做集体备课，规范化管理吧。其他几门课也应该是这样。前段时间请黄冈中学的语文老师郭其贵来学校讲课，他谈到高中文言文的知识点，多少虚词该讲，多少实词该讲，哪些语法可讲，哪些可不讲。其实还是个规范性问题。

LIGHT THE WISDOM

教育魔方十

让每一个学生抬起头来走路

学校有责任让每一个学生抬起头来走路。 黄冈中学前校长 张庭良

在我们的眼中学生都是人才，都是可以造就的、好的原材料，不过有的学生很容易造就出来，有的学生需要经过打磨，但是都是人才都是可以教育的，要有这个观念，要爱护学生，还要相信学生，充分赏识你的学生。

黄冈中学前校长 汪立丰

“雕琢心中的天使”,应是每位教育工作者一生用情感、期待和奉献去践行的爱的箴言。

黄冈中学前校长 曹衍清

老师信奉不让一名学生掉队的原则，在通常情况下宁肯让学有余力的同学自己去学也不会一味地赶进度，所以班上不会出现有人掉在后面很远赶不上的状况，这也是黄冈中学高考升学率高的原因。不然一个学生中正线不足一半的学校怎么会有百分之九十以上的高升学率呢?

黄冈中学学子 钟 凯

越是干旱的秧苗越需要雨露，越是受冻的秧苗越需要阳光，越是得不到尊重的人越需要别人尊重。

黄冈中学教师 邢新山

请你记住，教育——这首先是关心备至地、深思熟虑地、小心翼翼地触及年轻的心灵。

——陶行知

真教育是心心相印的活动。唯独从心里发出来，才能打到心灵的深处。

——陶行知

人类本质中最殷切的需求是渴望被肯定。 ——威廉·詹姆士

心地善良的人首要的一点就是爱人。他对共同事业的忠诚来源于这种对人的热爱。我们认为培养热爱人的感情和关心人的强烈意向是苏维埃学校最重要、最崇高的任务之一。

——苏霍姆林斯基

央视记者的深刻体会：爱心能创造出神话

2009年9月4日，温家宝总理在北京三十五中听课时讲道："当一名教师，首先要是一个充满爱心的人，把追求理想、塑造心灵、传承知识当成人生的最大追求。要关爱每一名学生，关心每一名学生的成长进步，努力成为学生的良师益友，成为学生健康成长的指导者和引路人。"

没有爱，就没有教育，一个"爱"字道出教育的生命意义。

2006年4月4日。作为中国的中学校长代表，陈鼎常受邀在英国著名的伊顿公学的礼堂进行了他的教育思想演讲："宽而有度，和而不同。"一年后，当《三联生活周刊》记者问起他的伊顿之行，这位黄冈中学校长抒发的感慨，似乎与他的教育思想无关，"在中国任何一所学校参观，他们一定会介绍自己学校出了多少了不起的人物。但是，伊顿公学跟我们介绍的，是学校的一位高中生，他们指着墙壁上刻着的一个名字说，'这位高中生，在这里读书时去世了'……"自始至终，陈鼎常注意到，伊顿公学没有想起要告诉中国的参观者，"这所学校出了19位首相"。通过这一事例可以看出，是否是大人物，在学校看来都是平等的，都曾经是伊顿公学的学生。他们对学生的爱是平等的，这值得我们深思。

当老师必须要有爱心，没有爱就没有教育。这竟是2007年中央电视台《走遍中国》栏目在对黄冈中学采访时最深刻的体会。中央电话台的记者评价说："黄冈中学的师生关系确实少有传统的师道尊严，而是表现出一种宽松和谐的状态。在谈到'如何处理师生关系'这个话题时，老师们的答案让人有些出乎意料。"下面是他们的采访实录：

记者：你和学生之间是一种什么样的关系？

黄冈中学英语老师 高级教师 瞿丽娅：我和学生之间的关系，我无论带哪一届学生，他们都说我是"妈妈老师"。

记者：你平时是怎么处理师生关系的？

黄冈中学语文老师 刘折谷：我想做他们的朋友。

黄冈中学物理老师 高级教师 郑帆：学生觉得我像一个严父一样。

那么，学生们是怎么看老师的呢？

黄冈中学学生：我们老师上课的时候对我们蛮严厉，下课的时候像我们妈妈一样。

黄冈中学学生：他是一个亦师亦友的好老师。

黄冈中学学生：黄冈中学的老师都是很优秀的。

有的像妈妈，有的像严父，有的像朋友，他们在讲台与课桌之间，增添了一些亲情、友情和趣味，增添了一些宽容和理解。

刘折谷老师给我们讲了一件事情。班上一位同学常去网吧玩游戏，影响了学习。怎么说服帮助这位同学戒掉网瘾呢？正好，有一天我接到这位学生家长打来的电话，电话中了解到他们家的故事。他爸说，他们夫妻两个都在广东的中山打工，夫妻两个都有手艺，本来可以在农村生活得非常清闲，但是他们想让自己的两个孩子得到更好的教育，不想让他们像父辈一样非常平淡地过完自己的一生，他们应该有更好的前途，于是他就花比较大代价把他送到了黄冈中学来。听了这个故事以后，我就想，我能不能把这个事情讲给他听。于是我就在班上利用一次班会，我给同学们讲了一个故事。那个小孩当场就哭了。班会课完了以后，他马上找到我，哭着说，老师，只要你不告诉我爸，我一定好好学习，我再也不上网了。结果，后一阶段的确像他说的，高考的时候，他考了 632 分，被北航录取。

“没有爱就没有教育”，难道仅靠爱心和理解就能创造出高升学率神话吗？创造出这个神话是否还需要其他因素？难道名校就是这样炼成的吗？“黄冈神话”到底是如何产生的呢？

为什么有 90% 以上的高升学率？

“随便放弃一个后进生对一个学校只是千分之一，对一个家庭就是 100%。黄冈中学在 20 世纪 80 年代就提出这样的观点来。”黄冈教育界的一位资深人士如是说。黄冈中学前校长张庭良认为，**学校有责任“让每一个学生抬起头来走路”**。他说，“有的学生在某个或几个学科方面冒尖，有的学生在体育方面有专长，有的学生在唱歌方面有特长，但有更多学生默默无闻，这样他们的自尊心可能会受挫伤，所以要给他们创造一个表现自己和增强自信的机会。”

黄冈中学前校长曹衍清分析认为，我们在基础教育上常常陷入误区，就是只看结果，不看过程。实际上，国家对人才的需求是多层次的，每年考上北大、清华的又有几人？基础教育面向的是全体学生，打造的并非“精品”，而是可供进一步加工的“毛坯”，过分关注宣传“状元”、“尖子生”，会使99%的人感到“失败”。而成功的教育是使99%的人以胜利者的心态走向社会。他表示：“一个学生没有考上大学对学校来说只是少了1%的升学率，对这个学生来说是100%的损失，我们对每个学生都不应该放弃。”

> **学校有责任“让每一个学生抬起头来走路”。**
>
> **——张庭良**

黄冈中学前校长汪立丰也在一次演讲中说，在我们的眼中学生都是人才，都是可以造就的、好的原材料，不过有的学生很容易造就出来，有的学生需要经过打磨，但是都是人才都是可以教育的，要有这个观念，要爱护学生，还要相信学生，充分赏识你的学生。

黄冈中学前校长陈鼎常也曾表示，**在黄冈中学，没有学生不适合在黄冈中学学习，有的是是否提供了最适合他的学习条件。**

从黄冈中学进入北京大学的钟凯这样写道：

“有人说黄冈中学是中国应试教育的典范，我看不能这样说。……同时老师信奉不让一名学生掉队的原则，在通常情况下宁肯让学有余力的同学自己去学也不会一味地赶进度，所以班上不会出现有人掉在后面很远赶不上的状况，这也是黄冈中学高考升学率高的原因。不然一个正线学生不足一半的学校怎么会有百分之九十以上的高升学率呢？”

有些学校，由于教育思想偏离正确方向，使教学走入误区，他们严格按成绩编班，好班是“学校的希望”，教师阵容整齐，而轻视“差班”，只求其不出什么乱子为目标。有的虽不按成绩编班，教学上却偏爱成绩好的学生，对“差生”放任自流。其结果是差生更差，成绩好的学生也好不到哪儿去。

黄冈中学不按成绩编班。新生入学后，每个班平均分配，使各班成绩大致平衡。教师和学生处在同一个起跑线上，竞争是公平的，从而调动了全体教师的积极性。

学生得到同等对待，容易树立信心，而每个班上成绩好的学生成了这一个班的排头兵。有了榜样和赶超对象，易于激发学生的学习积极性。黄冈中学一直坚持从中、差学生的实际出发处理教学，调整教学进度，使课堂教学面向全体学生，着力于整体提高，并达到整体优化的目标。

充分挖掘学生潜能，因材施教，常激励、多鼓舞、少批评、不指责，是黄冈中学物理特级教师邢新山育人的一贯做法，他从不偏爱某个或某些学生，他认为教师对学生的爱是面向全体同学，他对全班同学一视同仁，决不偏爱优等生，对暂时后进的学生更是加倍爱护。他说：**“越是干旱的秧苗越需要雨露，越是受冻的秧苗越需要阳光，越是得不到尊重的人越需要别人尊重。”**对所有学生，他和风细雨交心谈心；对个别后进、偶尔违纪的学生，他从不歧视，一方面区别情况耐心教育，另一方面发现他们的长处，创造条件，激励向上，用自己的爱心去塑造学生的灵魂。他从不在全班同学面前板着面孔大声训斥，他尊重学生的个性，尊重学生的人格。

龚霞玲老师从不偏爱那些成绩优秀的学生，而是把她的关爱播撒给每一个学生。她带的班上有一个学生，父母早亡，面对生活的苦难，孩子有些自暴自弃，她经常找那位学生谈话，并对他提出了具体要求。那位学生离校后来信说：“龚老师，我虽然不是您心目中最好的学生，但您却是我心目中最好的老师。如果有人问我一生最崇敬的人时，我会毫不犹豫地写上您的名字。因为对于正在成长的我，思想教育比知识教育更重要。”

黄冈中学的学生评价地理高级教师张齐宇老师也是“从不介意你成绩是不是够好，他总是一视同仁，你若有不会的，哪怕你成绩再差，也可以放心大胆地问，他天生性格 OUTGOING，见到你常常问两句搞笑的话。”

美国著名教育家本·布卢姆认为：“只要有合适的学习条件，绝大多数学生在学习能力、学习速度和继续学习的动机等方面将变得十分相近。”布卢姆指出，学生学业水平上的个别差异是人为的、偶然的。造成这一差异的主要原因之一，是由于家长和教师对学生不正确的预想和判断，使学生相信自己不如别人。如果老师对学生有着同样的爱，那么，他会发现不了学生的优点吗？如果老师是太阳，阳光应该属于每一个孩子。

黄冈中学胡霞英老师深有感触地说：“在众多的教育理念中我更主张建立师生间和睦、平等的关系。师生间同学同玩同乐同哭，可以说是同呼吸，夸张点说拥有心灵相通的关系。只有建立了这样的关系，教育才有生气，有活力。教师用真心自然地呼唤，孩子们天真、善良、敏感的心灵能很快做出回应，有时快得会超出你的想象。有一位教育学家曾这样说过：好孩子都是鼓励出来的。老师尤其是班主任的一句话可能让学生记恨一辈子，让他失去学习信心，也可能由于你的一句话激活了一个学生，使他自此自强不息、顽强拼搏。因此，作为老师，不要吝啬自己的溢美之词，你可以把它送给优等生，更可以把它送给差生”。

胡老师讲了这么一个事例：班上有个名叫李晶的女生，家庭重男轻女，刚分到班来时名列班上 50 多名，但胡霞英老师发现她很有潜力可挖，于是就找到她说：“别人瞧不起你，看不中你，你最好的办法就是提高成绩，告诉他们女孩不比男孩差。任何人可以看不起你，唯独你自己不能看不起自己，任何人可以放弃你，唯独你自己不能放弃自己。”孩子听后，坚定地对胡老师点了点头。胡老师甚至以自己的亲身经历教育她、鼓励她。胡老师告诉她：我从小成绩一直比较优秀，后来上高一时，由于一时贪玩成绩急剧下降，我甚至冬天不上课，跑到河边沙滩去晒太阳，结果总是挨批，一年下来，我发现一样的时间，由于过程不一样，结果大不一样，我玩了一年，成绩一落千丈，同学瞧不起，老师也瞧不起，家长抱怨，自己心里也不舒服。可是别人不一样，也是一年的时间，由于刻苦学习，他们的成绩优异，老师爱护，同学佩服，家长高兴，赢得了普遍的尊重。过程的差异，导致结果的差异，使我猛然醒悟，再也不能等了，再也不能浪费时间了，于是我发奋读书，高二时，成绩直线上升，一直在年级居于一、二、三名之列。

胡老师对她讲，“每个人都有自尊，谁都不想被人瞧不起，我想你也不想被人瞧不起。”李晶听了直点头。果然，以后胡老师很少见到她与其他同学打闹，总见她埋头拼命学习的身影。由于学习刻苦认真，这个孩子的学习成绩一直在上升，从 50 多名上升到 20 多名，再上升到期中考试的 12 名。

1983 年，著名科学家钱伟长来黄冈中学参观，并给同学讲话，鼓励同学们在科学道路上奋勇攀登。钱伟长的成长经历也是一个生动的事例。曾经被周恩来总理赞誉为“三钱”之一的这位著名力学专家，小的时候是成绩并不好。因为家境贫穷，在断断续续上完小学后，两位数的加法也能使他憋出一身汗来。他的祖母埋怨他不像别人家的孩子有出息，母亲也日夜为他的未来担忧。可是，谁曾料到他刚 30 岁，就在国际力学界崭露头角了。以后他又以在力学和应用数学方面的卓越成就，赢得人们的敬佩，成为世界上享有盛名的科学家。

一个学生在学校，总容易被教师按好生差生进行区分，而这种区分却无形中打击了不少学生的学习兴趣，丝毫起不到推动学生进步的良好效果。据《高效能人士的七个习惯》一书介绍，在英国有一个常被人所津津乐道的例子。由于计算机程序设计疏忽，结果一个班的“聪明”学生与另一个班的“愚笨”学生互相颠倒了。好班变成了差班，坏班却变成了好班。学年刚开始时，老师都根据计算机报告衡量学生掌握知识的程度。

校方在五个半月后才发现这项错误，于是决定将错就错，先对两班学生做个测验，再说出真相。没想到测验结果出人意料，被电脑列为坏班的“聪明”学生智力测验的成绩大幅退步。因为老师视他们智力有限、“不可教也”，不想竟不幸成真。

而另外的那一个班“笨”学生却阴差阳错地被当作聪明学生来看待，老师的积极态度与期望感染了学生，他们的智力测验成绩大有进步。

事后老师谈到当时的感觉有很深的感慨。最初几周，他们用教导好班的方法来教这班“笨”孩子。由于效果很不好，所以他们只好认为自己的方法不对。因为计算机已经指出这是一班智力好的学生，教不好只能说明教学方法不对路了，不会是学生的问题，教师就从自身找原因，并不断改进。

这个例子充分说明，用爱心去关注每一位学生，去尽量发掘他们的潜能，有的学生出现学习困难，要多从自己的教学方法上找一找原因，多用想象力去看学生。歌德有一句名言：“以一个人的现有表现期许之，他不会有所长进。以潜能与应有的成就期许之，他就会不负众望。”

伊顿公学校长托尼·里特在一次回答“如何解决学生的厌学问题”时表示：“可以肯定，我们从来都不会放弃。学生如果因为厌学而离开学校，对我们来说是一个非常大的失误。因此我们要求每个人都能完成学业，而且能够成功。针对在学习中确实有困难的学生，伊顿有一套系统帮助他们，比如每周会安排一次心理学家的咨询和辅导。我们尽量让学生选课的时候根据自己能力和兴趣进行选择。”

在这里，我们发现，在英国著名中学伊顿公学，他们的理念是“我们从来都不会放弃”，和黄冈中学的“让每一个学生抬起头来走路”理念如此吻合。可以看出，对每一位学生持应有的尊重和爱护是优秀学校的共性。

为什么十年没出状元？

从1986年以来，黄冈中学每年的高考升学率都在90%以上。恢复高考以来，黄冈中学一共产生了58名省市状元。然而，至少10年来，全省高考状元却与该校一直无缘。

这是否说明学校的光环正在褪色？对此，陈鼎常称，这很正常。黄冈中学不以拿奥赛金牌和高考状元为主要目的，学校也不刻意培养状元。陈鼎常坦言，没有高考状元不意味着精英教育的不成功，更不能反映出学校教学质量的下降。这说明精英教育正在走向大众化教育，从而让更多的学生享受到了优质资源。同时，无论是奥赛夺金还是获得省市状元的殊荣，都不能代表一个学校的水平，只能说明学生在某一个阶段取得的成绩，并且只是起步而非终点。学校的改革目标是希望有更多的学生在本身固有的特点上，取得进步，有针对性地发展和有个性化地发展，而不是盲目任意地拔高。

1979年以来，该校产生过58名省市状元，但陈鼎常透露，学校从来就没有奖励过一名状元，学校希望有高考状元的产生，但不刻意追求高考状元。用陈鼎常的原话来说，就是“有指标，但不压指标；有紧迫感，但不浮躁；有比较，但不盲目攀比”。

黄冈中学名师的经验分享

让每一个学生以成功的心态走向社会

曹衍清，黄冈中学前校长

第一，成功的教育应当使每一个学生具备成功的潜质。

对古今中外杰出成功者的研究发现，凡成功者都具有共同的素质，如远大的理想. 强烈的愿望、敏锐的头脑、缜密的思维、健全的人格、独特的个性、超常的勇气和魄力、坚韧不拔的悟性毅力等等。因此教育不应仅仅让学生学习一种知识技能，更应当引导和培养学生高尚的情操、持之以恒的毅力、克服困难的勇气、乐观幽默的性格，有关心社会、尊重他人、善待自己的修养，有善于相处、善于合作、善于把握自己与他人情感的能力等。只教给他人知识的教育不是成功的教育，而没教给人自信、自尊的教育更称不上是成功的教育.

为什么在众多的素质中我要尤其强调自信和自尊呢？因为我认为，在以竞争为主要特征的现代社会里，自尊和自信是一种重要的心理品质，而成功与自尊、自信可以说是密切联，不可分割的，二者相辅相成，互为因果，教育教学实践表明，获得成功的体验，这是学生个性化发展的要求，没有比取得成功更能使学生激动和受到鼓舞了。一个人如果在青少年时代能对自己的学习，工作满怀成功的信心，就会为将来从事的社会事业打下良好的心理基础有很多学生学习成绩不好，甚至厌学、逃学，究其原因，不能说跟他们很少甚至从未体验过成功的乐趣毫无关系。事实上，这部分学生由于成绩差，在学校常常受到老师的批评、训斥和同学的冷嘲热讽，在家里又常常受到家长的打骂责备，根本就享受不到成功的乐趣，他们视学习如猛兽，提到学习就害怕，碰到测验、考试就发慌，学习带给他们的是沉重的心理负担。经常的失败经历，使他们感到心灰意冷，产生自卑和失望，导致恶性循环，从而极大地限制和影响了自身潜能的发挥。

自信心不是凭空产生的，必须以实力为基础. 由于中小学生自我认识的局限性，往往看不到自己的潜能，因而常常表现为缺乏自信。比如说，从心理学角度来看，中学生的自我评价一般比较低，部分初中学生比较自卑，他们没有辩证的分析自己，无法认识自己的优点和缺点。特别是当遇到失意和挫折时，他们往往会往死胡同里钻，更多看到自己的弱点和缺点，导致自卑感越来越强。因此，对于学生来说，主要是发现或培养自己的实力，而对教师来说，则是为学生发现或培养自己的实力创造条件，而优秀教师的一大特色就是善于培养学生的自信心。

第二，成功的教育应当是正确设立教育目标并正确实现教育目标的教育。

我国著名教育学家陶行知先生曾说过："你的教鞭下有瓦特，你的冷眼里有牛顿，你的讥笑中有爱迪生。你别忙着把他们赶跑。你可不要等到坐火轮、点电灯、学微积分，才认识他们是你当年的小学生。"它警示教育者，成功本身就是动态的、多角度的概念，成功的教育对于每个人来说应有不同的标准，因此教育不能用一个标准要求所有的受教育者，因为社会不是只需要一种规格的人，成功的教育就是要把每个人的志向、素质、条件与社会的需求对接起来。人们不必攀比他人的成功，也不能复制他人的成功，却可以借鉴他人的成功，只有正确地确定自己的目标，并正确地去实施，才会有属于自己的成功，人是一个特殊的个体，并且正是他们的特殊性使他成为个体，个体的丰富多样性是这个世界之所以五彩斑斓、惹人热爱的原因所在。教育必须准备好面对异彩纷呈的生命姿态。生命的成长是倔强的。教育必须有助于培养这种自强不息的力量。

具体到教育实践的层面上来说，学生的文化课成绩尽管存在差异，但是老师不能仅仅以学业成绩的好坏来判断和评价一个学生的能力——因为我们不可能也不需要把所有的人都培养成一种人——而应创造别的舞台，拓展课程让学生充分展示自己，塑造学生成功的心态。

第三，成功的教育应当帮助学生走向自主成功。

成功的教育在培养学生成功心态方面应当有“三部曲”：帮助成功、尝试成功、自主成功。从帮助成功、尝试成功到自主成功，是争取教育成功的三种运行方式，也是层层递进、不断深化的一个完整流程。

值得注意的是，给学生体验成功的机会时，一定要把握度，也就是说这个机会不能太简单，不能让学生轻而易举就成功，学生毫不费力就成功的话，他们是体验不到成功那种真正的喜悦的。因此，成功体验要遵循教育中“最近发展区”的规律。

让“每一个学生以成功的心态走向社会”，说到底就是为学生的成败负责，为学生的未来负责，为学生的一生奠基负责。成功的教育，实际上就是给予学生智慧和灵魂，培养学生可持续学习和发展的能力。

用真情培育学生

黄冈中学地处经济欠发达地区，不少学生的家境贫穷。学校每年对学生的资助就是一个不小的数目。黄冈中学校长陈鼎常动情地说，黄冈经济落后，农家子弟要走向外面的世界，读书是唯一的出路，学校决不能让一个学生因经济困难而失去在黄冈中学学习的机会。黄冈中学现有一个光彩班、两个阳光班和三个宏志班共 300 余名家境困难、品学兼优学生。学校给他们每人减免每学期 500 元学费，累计达 10 万元，给他们每人每个月 200 元到 250 元不等的生活补助，累计 60 多万。对其他班的贫困学生，学校一方面每年拿出近 40 万元给他们减免学杂费，另一方面拿出近 30 万元资金设立助学金，给贫困学生发放生活补助。学校每年总共拿出 150 多万用于资助贫困学生。

在黄冈中学，老师对学生的爱也是无处不在。

1994 年 1 月，时任数学奥赛教练的陈鼎常带两名学生到复旦大学参加全国中学数学冬令营。1月10日，雾锁长江，船在南通江面与对面开来的一条船相撞，处理事故延误了六个钟头，到达复旦大学招待所，已是子夜一点，招待所里只剩下一间空房，里面仅有一张床，一张沙发。三个人怎么睡呢？他想到学生马上要参加国家集训队的选拔考试，为了让学生尽快消除疲劳，休息好，他坚持睡沙发，把席梦思让给两个学生。寒气袭人，这一夜，他冻得难以入睡，但学生得到了较好的休息。在接下来的两天考试中，两个学生均发挥正常，双双入选国家集训队。在20人的国家集训队里，一个学校就占了两名，实属罕见，为此，上海电视台对他进行了采访。

1996年1月，陈鼎常的学生张剑参加在南开大学举办的全国中学生数学冬令营时突发阑尾炎，陈鼎常陪他在天津急救中心治疗，吊针一打就是六个小时，陈鼎常护理病人的事什么都干，忙前忙后。医生一直认为他是家长。

1997年1月，陈鼎常带六名学生参加在浙江大学举办的全国中学生数学冬令营。考试的头天下午倪忆同学患感冒发高烧。陈鼎常立即带他去看医生，让医生开了一些既能治病又无副作用的药给他吃了。晚上陈鼎常再去看倪忆时，得知浙大修路停水，没开水喝。他又返回校外招待所，送去两瓶开水。时值隆冬，北风夹着雨雪阵阵袭来，可他的额头直冒汗，此刻虽然置身在人间天堂的西子湖畔，但他的心似乎坠入了另一个世界。是呀，花了三年心血重点栽培的选手，在国家集训队选拔赛前的关键时刻病倒了，怎不叫人担心！第二天，陈鼎常早早起了床，赶了两三里路，提前来到学生住的宿舍，等了半个多钟头，才轻轻敲开房门，拉开灯，看到倪忆伸了一个懒腰，翻身起床。他小心地问："怎么样？"倪忆说："没事。"直到这时，他心上压着的一块石头才终于落了地。这一届，陈鼎常带的学生四人入选国家集训队。一个学校同时有四人入选国家集训队，这在中国数学奥林匹克竞赛史上还是头一回。

物理特级教师邢新山一直坚持"用真情培育学生"。有一届他的班上有位学生于志勇来自黄梅山区，母亲体弱多病，父亲因车祸受过伤，哥哥正在上大学。学校虽然每年免除了他的学杂费，但他的生活费用仍然极少，邢老师周末就将小于接到自己家中吃饭，还经常从工资中挤出钱接济他。仅高二一年，邢老师就给了小于近300元的生活费，让他感受到了家庭的温暖与拳拳的父爱。2000届高三学生喻爱珍，临近高考时突然患病，邢老师带小喻同学去医院检查后，医生说要及时手术，他便精心照料小喻同学，使她在较短时间内恢复了健康。走进大学后的小喻在给邢老师的信中写道："老师，您那慈父般的爱是一副催化剂，催我为科技兴国而发奋读书。"

在训练获得国际物理奥赛银牌获得者王新元同学期间，他不仅注意传道、授业，还十分关心王新元的生活。假期训练，经常将王新元同学请到家里吃饭，走进清华大学后的王新元给邢老师写信说："邢老师，您对学生的关爱胜似父母，您和您的全家在我假期训练时对我生活上无微不至的关怀，给了我信心，给了我动力。"

2007 年 11 月 15 日，黄冈中学高二学生孙小锐经武汉协和医院确诊为急性淋巴细胞白血病，病情严重。一旦病情稳定，须马上进行骨髓移植。救治孙小锐的费用粗略估计需 60 多万元。这对于原本就困难的家庭简直是一个巨大的灾难。孙小锐的母亲 1997 年下岗，至今无工作，家里还有爷爷奶奶都已 70 高龄，体弱多病，全家老小生活仅靠父亲一个人来维持，入不敷出，难以为继。陈鼎常校长得知此事后，立即安排学校团委组织师生开展爱心捐款活动，并带头捐款。在校团委的积极组织下，全校师生员工纷纷伸出援助之手，踊跃捐款 6 万多元。2008 年 2 月，学校党委副书记、纪委书记黄治民专程前往武汉，看望了正在治疗之中的孙小锐，将捐款交到他的手中。

谢洪浠老师在担任班主任期间，每个月都要用一个固定的时间和学生"务虚"，与他们一起交心谈心，开展对话。在这样的谈心会上，经过精心准备后自己首先发言，就学生关心的话题谈自己的看法，然后也让学生各抒己见；因此，谈心会常常收到很好的教育效果。

著名的伊顿公学怎样选择优秀教师？该校校长托尼·里特认为爱是根本的标准。他说："在伊顿有 160 名教师，他们大部分人拥有博士或是硕士学位，但有时我们也会冒一些风险，对于一些没有正式执教证书，但能力超群的老师也会使用，我认为他们能够给年轻的孩子提供很多东西。我们要求老师除了能教课，也可以教足球或者其他。我们需要他们跟孩子处理好关系，有很多老师学术水平很高，但不喜欢小孩子，伊顿就不欢迎。"

在黄冈中学，对教师的聘任有四个基本条件。其中就要求：关心爱护学生，尊重学生人格。黄冈中学前校长曹衍清认为，"雕琢心中的天使"，应是每位教育工作者一生用情感、期待和奉献去践行的爱的箴言。在这里，我们不得不又要感慨：英雄所见略同。

我国著名教育家夏丏尊先生在 1924 年就曾说："学校教育到了现在，真空虚极了。单从外形的制度上、方法上，走马灯似的更变迎合，而于教育的生命的某物，从未闻有人培养顾及。好像掘池，有人说四方形好，有人又说圆形好，朝三暮四地改个不休，而于池的所以为池的要素的水，反无人注意。教育上的水是什么？就是情，就是爱。教育没有了情爱，就成了无水的池，任你四方形也罢，圆形也罢，总逃不了一个空虚。”现在看来，怎么特别像是说现在的教育。我们总是在争论“应试教育”还是“素质教育”，而对教育上的“水”反而不怎么关注，那么，再怎么说，也总是逃不了一个空虚。

罗素曾写道：“教师应该比爱他的国家或教会更爱他的学生”，说明爱生是教师的天职，教师是爱的使者，要付出爱的行动。“感人心者莫先乎于情”，首先教师要真诚地关心学生，爱护学生，热情地帮助他们解决学习和生活中的困难，做学生的知心朋友，使学生对老师有较强的信任感、友好往来感和亲近感，那么学生自然而然地过渡到老师所教的学科上，达到“尊其师，信其道”的效果。

爱是一种信任，爱是一种尊重，爱是一种鞭策，爱是一种激情，爱是一种能触及灵魂、动人心魄的教育。爱是最好的老师。在黄冈中学，我觉得也有很多像那位女老师一样爱学生的好老师。因为老师的爱，在黄冈中学的学生心中留下了深刻而又美好的印象。

黄冈中学名师的经验分享

没有交流就没有教育

曹衍清，黄冈中学前校长

师爱，不仅仅要求教师有爱学生的感情，最重要的是让学生感受这种爱，从而有利于教育活动的顺利进行。十年树木，百年树人。爱既是一种艰辛的劳动，又是教育素养的最好体现。那么，如何更好地体现这种师爱呢？

一、尊重和信任学生

用一句学生说过的话，“老师应对我们有礼貌。我们也是人。”这里的人，指的是尊重学生的人格。

有一位教育学家说过这样有意思的话：在今天中国的教室里，坐着的是学生，站着的是先生，而在精神上，这种局面恰恰打了个颠倒——站着的先生占据着至尊之位，而坐着的学生的躯体内，却掩藏着一个战战兢兢地站着，甚至跪着的灵魂。

在这种教育模式下，教师，尤其是缺乏“以学生为主体”意识的教师，往往无视学生的人格，不惜扼杀学生的思考力和想象力，而将学生纳入单纯应试的轨道；

不惜占有学生自由发展与休息时间尽量多布置作业，以使自己所教课程的考试成绩不落别人之后；甚至动辄训斥、体罚或变相体罚学生，来显示自己的权威；更有对学生采取”顺我者昌，逆我者亡“的，还将吹牛拍马、打击报复这一套也引人师生关系，迫使学生接受“不听老师言，吃亏在眼前”的现实。在越来越强调教育民主、师生平等的教改潮流下，像这样专制式的教育，几乎已经被所有的国家所摒弃。

二、要了解和关心学生

深入了解和热情关心，是师爱最突出的表现。世界著名教育家赞可夫曾经说过：“当教师把一个学生看成是一个具有个性特征的、具有自己志向、自己智慧和性格的人的时候，……才有助于教师去热爱学生和尊重学生。”

师爱之于学生是不应带任何附加条件的博爱。这种爱不因学生家庭背景而区别对待，也不因学生性格、习惯不同而泾渭分明，更不因学生成绩差异而冷暖有别。对一时学习困难、家境不佳或缺乏良好习惯的学生我们更应该给予更多的关爱和尊重。

三、要相信每个学生都能够成功

美国著名教育家保罗韦地博士把“对个人的关注和期待”作为好教师的十二种素养之一，应该是很有见地的。如果教师在各个教育环节和过程中对每个学生都寄予厚望和充满期待，将会产生神奇的效应，即心理学家谓之的“皮格马利翁效应”。

相传，在塞浦路斯有一位国王叫皮格马利翁，他善于雕塑，他在雕刻了一位美丽的少女之后爱上了这座雕像，渴望她获得生命，成为自己的情侣。他真挚的爱感动了爱神阿芙洛狄特。爱神使雕像少女真的获得了生命。皮格马利翁的期望变成了现实。

“雕琢心中的天使”，应是每位教育工作者一生用感情、期望和奉献去践行的爱的箴言。

四、要严格要求学生

爱而不严不是真正的爱。师爱有别于母爱，正是在于它突破了溺爱的圈子，严格要求和精心施教有机地相结合。但是一讲“严”，中国的传统教育是，一定是认真听讲，按时完成作业；学习上一丝不苟，循规蹈矩；老师讲一，学生不说二；等等。西方教育的“严”更多地体现在做人教育上。马克思曾和他的女儿劳拉有过一段有趣而又令人深思的谈话，劳拉问他，“你最能容忍的缺点是什么？”“轻言和无知。”“你最不能容忍的缺点是什么？”“欺骗和奴颜婢膝”。现代文明社会对人才素质的要求越来越集中体现在对人的人品、人格、道德、修养、情操、礼貌礼仪、风范魅力、举止风度和人文精神的要求上。

徐兴成，黄冈中学政治特级教师

健康融洽、和谐宽松、充满友爱的心理环境，能使师生身心愉悦、奋发向上，形成“两个积极性”，学生有安全感、宽松感、满足感，乐学忘返；教师有光荣感、责任感、幸福感，乐教不疲，进而达到教育的最高境界——“三个和谐”，即与自己生命的和谐、与周围人生命的和谐、与大自然万物的和谐。

必须努力造就一支热爱学生、品德高尚、学识渊博、业务精湛、求实创新，具备亲和力、感召力、影响力的教师队伍，尤其是班主任队伍。可以毫不夸张地说，一个人格高尚、威信崇高的教师，本身就是学生信赖爱戴的楷模，其言行举止都会对学生产生潜移默化的影响。学生往往会确信其教育、指导的正确性、真实性，从而“亲其师、信其言、效其行”，在学生心理上唤起尊崇效应，增进教育效能，使之逐步化为自觉行动。

同时要将尊重与严格要求结合起来，做到严格管理、严而有爱、严而有效，对待学生的困难和挫折尽力相助，对待学生的困惑和疑点热心化解，对待学生的成长进步热情肯定，用火热的心肠、满腔的热忱去温暖学生的心灵。

陈晓峰，黄冈中学教师

没有交流，就没有教育，就没有感悟，就没有情感。我的心得是：走近学生，和每一个学生成为朋友，让他们尊重我，理解我。利用课外的时间和学生一起谈心、交流……学生病了，我组织学生去看望他；学生闹矛盾了，我会静下心来了解情况，把事情妥善地处理；甚至在读报时安排一些相关的文章来使他们感悟，使他们懂得友谊的珍贵。

潘际栋，黄冈中学教师

有时候，我们常常以“爱”的名义来解释我们的粗暴，我们的武断，我们的急功近利。我们常常不分析我们的工作对象，用我们的目光来看待发生在他们身上的故事，这既不科学，也不人道。从心理特点上看，这个年龄段的学生已经摆脱了对老师的崇拜、对父母的听从，它需要老师用心去了解他们，关怀他们。面对有差错的学生，尤其是有大错的学生，这一刻对他们的尊重理解比任何时候都显得重要，因为这时他们仅存的一点自尊是让他们从善的所有力量，保护它，就等于保护了他们改正错误的可能。允许学生犯错，应该是老师必须拥有的度量。在学生的差错面前，老师如何认清学生差错产生的缘由至关重要。不同的钥匙开不同的锁，对症下药，才能真正帮助学生认识差错，改正差错。“严格”和“关怀”都是爱，但我以为情感的体验远比理性的认识更容易让人接受；让学生在今天就能感受，也远比日后逐渐理解更具有教育的时效性。

上届有个来自农村的学生，平时寡言少语，很少和同学交流，平时总看到他一天到晚坐在教室，也不想和同学多交流，成绩总上不来，我平时注意观察，查寝时也有意无意地在他床前坐坐，有一次熄灯后我发现他在被窝里打电筒，我大吃一惊，打开被子看，他在看书，眼光掠过封面，我知道这是一本我们老师谈之色变的不健康的书，当时我想立刻抢过书，当他的面撕掉，但对于这样内向的学生，在同学们眼中的老实生，我压制住了自己的怒火。他紧紧地捂住书，不敢说话，他也知道我平时的做法，见到小说就没收，但我这次很矛盾，收了他的书，我也很难堪，他更无地自容，但我“声色俱厉”地说：“这么晚了还不休息，在秉灯夜读，你看你的眼睛，都500度了，眼睛都看瞎了，早点休息！”，给他盖上被子，走出了寝室。出来了，我心里很矛盾，我想我发现了这个学生问题的根结，但我又不能抓住这个契机，好好教育。自己让他轻易把这种看不良小说的错误转化到晚上打电筒的小错误上，回来后我也不知如何是好，说实在话，我真怕失去了教育他的这次良机，我想，要是他存在侥幸的心理还以为我没有发现，那真是可惜了，忐忑不安中我度过了一个晚上，结果，第二天发生了令我高兴的转变，他自己找到我，承认自己在看小说，我才舒了口气，我和他单独谈了很长时间，他把他所有的小说给我保存，整整有半箱子啊，着实让我吃惊，我知道这里当然没有昨夜的那本小说，但我想我的目的达到了。分析其根源，他是一个不善于和别人交流的学生，只有把自己埋藏在小说中寻找一点慰藉，在以后的生活学习中我时常有意让他参加班级活动，有意让他和善于交流的同学坐在一起，他不断进步，同时我感到自己也在成长！

王萧，黄冈中学教师

对学生的关爱要付出实际的行动。光凭口头上的关爱肯定不够，班主任一定要利用课余时间，多找学生谈心、交心，了解他们的思想动态和学习状况。开学时，我们班的一个学生得了急性阑尾炎，医生说要及时动手术，如果一旦发展就不好说了，这个学生胆子很小，说起动手术很害怕，十分紧张，我知道情况后十分担心。就在动手术的前一天，我就打电话给他，鼓励他、安慰他，排解心理压力，没想到很快他平静了下来，最终手术顺利完成。他一醒来主动给我打电话，说谢谢王老师。为了使这个学生得到班级老师和同学的关爱，于是我组织几名平时与这位同学交往多的同学去医院看望他。一进病房，他看到我和同学们非常激动，顿时就热泪盈眶，这时同学们都上去逗他开心，看到学生们这样，我的心情轻松多了，一个星期后，这个学生就康复出院了。

LIGHT THE WISDOM

教育魔方十一

人格才是最高学历

人格是最高学历。　　　　　　　　　　　　　　　　　　黄冈中学前校长 曹衍清

如果说黄冈中学有什么成功之处，那就是她在培养大批优秀学生的同时，锻造了她的教师队伍，造就了在湖北省享有盛誉的名师。他们具有较深的科学文化素养、全新的教育理念和独到的教学风格和艺术。他们带给学生的不仅是知识和能力，还有健全的人格和良好的习惯。随风潜入夜，润物细无声。无声的行动，一件件小事，正在不断地改变着黄冈中学，不断地改变着她的学生，不断地折射出教育思想的火花。

黄冈中学前校长 陈鼎常

作为黄冈中学校长，我经常被问：你想培养什么样的学生？我说：我希望他们是“身心健康、人格健全的快乐人，处事有度、举止得体的文明人，爱国孝亲、感恩奉献的高尚人”。

黄冈中学前校长 刘　祥

黄冈中学培养出的学生不迷信权威，不害怕洋人，不崇拜有钱人，学校提倡学生乐为普通人，要求学生做对国家对社会有用的人。

黄冈中学前校长 陈鼎常

在黄冈中学，评价一个学生，不仅看成绩，更要看为人和习惯。

黄冈中学前副校长 黄治民

老师们就是这样通过一件件的小事来教育着我们，改变着我们，老师们送给我们的这一特殊礼物一定会让我们受用一生。

黄冈中学校友 夏　浩

大学之道，在明明德，在亲民，在止于至善。　　　　　　——孔子

因为道德是做人的根本。根本一坏，纵然使你有一些学问和本领，也无甚用处。

——陶行知

一生的生活是否幸福、平安、吉祥，则要看他的处世为人是否道德无亏，能否作社会的表率。因此，修身的教育，也成为他的学校工作的主要部分。

——裴斯泰洛齐

评价一个学生，不仅看成绩，更要看为人和习惯

蔡元培说：“教育是帮助被教育的人给他能发展自己的能力，完成他的人格，于人类文化上能尽一分子的责任，不是把被教育的人造成一种特别器具。”

鲁迅说：“教育是要立人。”

卢梭说：教育是培养“既能行动又有思想的人”。

爱因斯坦说：“学校的目标始终应当是：青年人在离开学校时，是作为一个和谐的人，而不是作为一个专家。”

苏霍姆林斯基在其名著《帕甫雷什中学》中这样写道：“为每一个人培养起善良、诚挚、同情心、助人精神以及对一切有生之物和美好事物的关切之情等品质，是学校教育的基本的起码的目标。学校教育就要由此入手。”

那么，我们今天的教育的目的又是什么呢？我们总以为只要刻苦学习，就是好学生，却不知道对于学生来说，最重要的是人格和品德。这说明，把教育简单地理解成知识的灌输，是当今教育的问题所在。

2005年在北京召开的中英校长论坛上，英国伊顿公学校长托尼·里特所说的一番话令人深思。“我们学校的学术水平在英国不是第一。这一点，我很高兴，这表明他们不是一心钻研学术而不顾自己其他方面的发展。我们需要的是人格健全的人才，其次才是他们的学术能力。”伊顿公学被称为世界上最好的中学，以“精英摇篮”、“绅士文化”闻名世界，这里曾造就过19位英国首相，培养出诗人雪莱、经济学家凯恩斯，也是英国王子威廉和哈里的母校。伊顿每年250名左右的毕业生中，70余名进入牛津、剑桥，70%进入世界名校。里特校长的话得到了陈鼎常校长的认同。由此可以看出，优秀中学都是将学生的人格培养放在最重要的位置。

1977年是中国教育史上的一个转折点，高考制度恢复使不少人的人生发生重大改变。但是高考制度恢复带来的“独木桥效应”也开始凸显。升学率面前，中国基础教育开始出现“育分不育人”的教育歧向，甚至有人提出“从幼儿园开始准备高考”。

在中学教育阶段，“题海战术”普遍盛行，师生均苦不堪言。在这种形势下，不少学校的德育只是落在纸面上，那么德育真的不重要了吗？

如何才是真正的育人？黄冈中学也在思考。黄冈中学创造了高考、奥数神话，它还是“全国德育先进学校”、“全国精神文明建设先进单位”。

在2013年的毕业典礼上，时任校长刘祥做了如此意味深长的讲话：

请牢记“修身重于求学”。道德可以弥补知识的不足，而知识永远无法弥补道德的缺失。因此，我们要凡事有度，言谈举止得体；情趣高雅、爱好广泛；孝敬父母，尊敬师长；严于律己，善待他人。

请树立“自理·自立·自强”的思想。生活自理，思想独立，精神自强。始终坚信“流自己的汗．吃自己的饭，自己事情自己干，靠天，靠地，靠父母，不算是好汉”。

请常怀“感恩”之心。没有感恩就没有真正的美德。懂得感恩，我们才能珍惜所拥有的一切；拥有感恩的心，我们就会对人生充满希望，保持有健康的心态。我们的父母，我们的老师，那些曾经帮助过我们的认识或不认识的人．他们付出本无所求，但我们不能忘记他们的关爱，他们的付出，你一个有意无意地微笑也许就是对他们最好的回报。

黄冈中学前副校长黄治民说：**“在黄冈中学，评价一个学生，不仅看成绩，更要看为人和习惯。”**

2011年考入清华大学计算机科学与技术系的李飞回忆：“开学第一个晚自习，杨老师开始了对我们思想上的开导和集训，很多话我已经记不清楚，但是那五个要求我一直不敢忘记，‘自律、自信、自强、自知、自尊’。这‘五自’无论在为人还是为学方面都有很大的借鉴作用，当时我的内心深受震撼，从小到大，从来没有人如此和我讲过怎样去做人。”

谢洪浠老师担任多年班主任，他对担任班主任的心得多在思想素质教育方面。他认为“尤其要注重人品、性格的培养和塑造，注重集体主义观念的培养。”他说：“一个国家要有国魂，一个军队要有军魂，一个班级要有班魂。有班魂，这个班就有战斗力，班里的学生也就有了活力。我们做班主任的，就是要想尽一切办法，同所在的班级的学生一道去建树班级的班魂。其实，我们班主任本身就是班魂。班主任要依靠自己的人格魅力和教育精神在你的那个班级里形成灵魂和核心。在我们黄冈中学有很多这样的优秀班主任，他们是每一个班级的班魂。”

谢洪浠老师的学生陈淞曾经这样写道：“谢老师不光教会我们学习，更重要的是教会我们做人的道理，教会我们怎样去生活。他所坚持的教学方法是授人以渔，而不是授人以鱼。谢老师对我们提供宽松的环境并不意味着他不管我们，任由我们去随意发展，不是的，课堂里发生的事情他都了解，他一开始在旁边看着我们生活和学习，并不干预我们。第一次犯错时他不说，他希望我们自己去发现，去改正自己的错误；第二次犯同样的错误，他仍然只是看着，但不能有第三次，如果出现第三次，他就要把我们从错误中拉回来，如果某位同学被谢老师批评的话，那意味着他已经第三次犯错了。”

物理特级教师龚霞玲老师从来不放松对学生精神世界涵养和生活实践的指导。一次，两名男生为了一件小事发生争执，最后还动起手来。龚老师知道后，没有就这件事情的本身去理论是非，而是向他们讲述了古代一位宰相劝导家人的故事。宰相的家人与邻居为了三尺地基发生争执，于是修书宰相希望得到帮助。宰相复信说：“万里修书是为墙，让他三尺又何妨，万里长城今犹在，不见当年秦始皇。”家人收到这封信后马上做出让步，争执双方化干戈为玉帛。故事讲完后，龚老师要两个男生谈体会、谈感想。两个孩子一致谈到，宰相具有博大的胸怀，真不愧是“宰相肚子里能撑船”。龚老师因势利导说，做大事者，需要有博大的胸怀；如果今天连同学之间的一点小的矛盾都不能容忍，明天如何能够成就大事。一番话，让孩子们沉思良久；而后，两人一笑释怀。

龚老师深有感触地说：“我觉得作为一个教师，我们在教学的过程中，不但要让学生在知识能力上成长，也需要在思想品质上有质的变化。一个没有胸怀的人难以成大器，一个没有远大理想的人是一个没有动力的人，一个没有坚强意志的人，不可能持之以恒，一个没有情操的人不能获得大家真诚的帮助。对于一个学生来讲，这么全面地要求他是有点苛求，但作为教育工作者来说，作为教育的目标来讲，我们明确的，就是培养素质全面的人才。我希望我的学生做一个优秀的人，做一个优秀的人并不难，一个优秀的人对社会的贡献可能远比一块金牌还要重要，我们作为一个教师，不能忘了教师最根本的责任是培养对社会有用的人，而不能是一个功利心太强的人，一个对于社会有着感恩之情的人，才能回报社会。这是一个教师的良心和良知。作为教练员，我们不要太功利了。”

黄冈中学前校长曹衍清一贯倡导的育人理念是：“人格是最高学历”。他对社会上的一些现状深感忧虑：“社会和上级以‘分数’论学校，学校以‘分数’论教师，教师以‘分数’论学生，考试和分数实际上成为推动当前教育的真正动力。校长在这种现实面前，难免浮躁和急功近利，但这都是成年人的功利，而我们忘记了，教育如果真的有功利心，应该完全指向我们的学生！”

曹衍清解释说，培养学生健全的人格，具体就是使学生的喜怒哀乐等情绪及各种欲望、行为都朝向善良、同情、宽容、真诚、诚信、正义；学生要具备显示爱的能力，子女对父母、学生对老师回报爱的能力；要有生活能力；端正人生态度，不能成为目空一切、放大自己的优点、缩小自己的缺点的人，不能成为经不起挫折、偏激的人等等。“我们培养学生，在校是好学生，将来上班是好员工，走上社会是好公民。”

“基础教育最重要的是打造‘毛坯’，而不是‘精品’”，曹衍清说。针对有些老师的不理解，他告诉这些老师：“这的确需要一个长期的过程，也许你这一任还见不着效果，但对学生的终身发展有利，对国家、民族的发展有利。所以，我们现在要甘于静下心来办教育，要为学生毕业后的发展负责。”

曹衍清还特别提到，基础教育的校长不应该看重学生在学校成什么名、成什么家，培养他们具有了发展的能力，毕业后就是他们自然发展的事情。如果现在只看学生的分数，那是赶时髦，实质是校长为自己谋利益。我们应该考虑的是10年后社会的人才标准，为未来培养人才。

基础教育最重要的是打造“毛坯”，而不是“精品”。

——曹衍清

花大力气抓健全人格，会不会影响考试成绩？针对这些疑问，曹衍清认为，教学质量取决于两个因素，一是教师的“教”，二是学生的“学”。在学生智力正常的情况下，学习动力、学习能力、学习毅力成为学生学得咋样的重要因素。因此，具有健全人格的学生，就有积极健康的心态、乐观豁达、有承受挫折的能力，这样，他们的学习动力和需要的毅力不需要父母老师担心，健全人格与取得好成绩不仅不矛盾，而且是成绩优异的“润滑剂”。

“我们在教育中要为学生赢得未来完美人生，保护学生的天性，开发学生的潜能，张扬学生的个性，让学生全面发展，所以要树立以人格为中心的教育质量观”。黄冈中学前校长汪立丰也有同样观点，他认为，以能力和人格为中心，不否定知识在教育教学中的基本地位和主导作为，知识是学生发展的基础，但它不是教育的终极目标，重视学生的能力发展才是教育的目的，我们教学生知识应该是学生终身受用的知识，知识是学生发展能力塑造人格的基础，也是促进学生人格和能力发展的一个载体。

说哪个学校不重视德育，恐怕这些学校都会觉得委屈。是的，我们的不少学校是将德放在首位。但是问题是，要么是口号上放在首位，因为，在他们的价值观里，学生的成绩远比什么人格更重要；要么是高不可攀的条条框框，无法真正执行，也就形同虚设。学校的德育目标不合理是影响德育实效的一个重要原因。

黄冈中学名师的经验分享

凡事有度，言谈举止须得体

时任校长刘祥在2014年秋季学期开学典礼上的讲话

作为黄冈中学校长，我经常被问：你想培养什么样的学生？我说：我希望他们是“身心健康、人格健全的快乐人，处事有度、举止得体的文明人，爱国孝亲、感恩奉献的高尚人”。学校在崇德楼一楼大厅树立了一块宣传牌，标题是“凡事有度，言谈举止须得体”。那么，什么样的言谈举止是得体的呢？我个人认为，关键在于说话、做事都要把握好一个“度”。

“度”字在词典中有多种解释：它既可以计量长短、大小、多少、轻重，也可以表示事物的某种性质达到的程度或能承受的限度，还可以引申为标准、法则。“有度”是人们对一定事物应把握的分寸和尺度不能超过一定的界限或程度，如果超出了一定范围和限度，性质就发生了变化。比如水，温度低于0摄氏度就结为冰，高于100摄氏度就变为汽。在生活中亦是如此，我们说话和做事一旦不能把握好度，就会事与愿违，导致错误，正所谓过失过失、一过就失；过错过错、—过就错。明代文学家陈继儒在《小窗幽记》中就有“世间万物皆有度，无度胜事亦苦海”的名句。

同学们，比照或者思考一下我们的行为是否有度？许多同学喜欢打球，无论是喜欢篮球、排球还是足球、羽毛球，既可强身健体，又可陶冶性情，无疑是好事。但是，如果我们在教室里、过道中，在车来车往的道路上打球是不是好事呢？弹琴、唱歌是很高雅的事情，但在夜深人静时就变成了恼人的噪音！同学间坦诚地交流思想、认真地讨论问题能促进相互理解、提升认识，但在图书馆阅览室、在集会听演讲时则显得修养不够。在食堂里，饭菜的香味能增进人的食欲，但在教室中，车厢里就变成了难闻的气味。天气炎热，穿拖鞋，着背心，图个凉爽本无可厚非，在家里，在寝室可以，但在教室，在公共场合则显得有失文明。学生学生，以学为生，但这里也有一个“度”的问题，有个别同学，整天不思进取，不愿学习，这是不对的；少数同学，“一心只读圣贤书，两耳不闻窗外事”，任何课外活动都不参与，晚上还熬到十二点多甚至凌晨一、两点，这同样是不对的，也是不科学的。人际交往中，言辞过于犀利、观点过于极端，难以让人接受，不利交往的深入。同学间开个玩笑，取个绰号，也并非完全不可以，但不能取笑别人的缺陷，伤害别人自尊。

同学们，言谈举止是否得体，要看时间、地点和分寸。此外，言谈举止是否得体还要看人的身份。

生活中常常听到有人描述一个人说：看他的穿着打扮，像个学生样。或者听到有人评价一个人说：看你的言行，哪里有个学生样？可见，作为学生，穿着打扮、言谈举止应该有个特定的样子。衣衫不整、邋里邋遢是不是学生样？奇装异服、浓妆艳抹是不是学生样？言语粗鲁、行为粗暴是不是学生样？抽烟喝酒、打架斗殴是不是学生样？

中学生恋爱是一个敏感而又绕不开的话题，社会上似乎有了公开化的倾向。我在黄冈中学吧中也看到过很多相关的帖子，其中还有一个曾经置顶的“中学生该不该谈恋爱”的调查贴。我个人认为，中学生是不应该谈恋爱的。北京科技大学毕业生、互动百科 CEO 潘海东先生今年应邀参加北京科技大学 2014 届新生开学典礼，他讲了三个 90%，其中一个是：大学所谈的恋爱 90% 是不能成的。他做个简单计算说明了大学恋爱成功率的问题。第一年是 100%，假设每年降低 10%，一共 4 年，也就降到 60% 了。其中少不了吵架分手，降低 5%，也就是说降到 55%。毕业的时候如果是到了不同的城市又要降低 10%，也就是 50%. 如果是同城差不多是 55%。找工作，是免不了和别的异性关系交好的，再降低 10%。即不同城市 40%，同城 45%。然后，你们不可能马上结婚，一般也会有个 2 年到 4 年，就算 15%，那不同城市降低到 25%，同城降低到 30% 了。最后再算下，因为工作变动、顺心与否起码减少 15%，最后情况是不同城的成功率 10%，同城的成功率是 15%。

作为中学生，青春萌动，对异性有好感，两情相悦，是正常的，是可以理解的；

男女同学交往，比学赶帮，是允许的。但是，轻言相爱则是不对的。毕竟我们心智尚未成熟，经济完全不独立，见识也很有限，而且，我们将来身在何处，发展如何都是未知数。爱不仅仅是一种情感，她还意味着责任。所以，我们在决定高中该不该谈恋爱之前，是不是首先要想一想：我拿什么来爱你？

同学们，学校的规章制度、奖惩条例确立了学生言谈举止的度，国家的法律法规，确立社会公民言谈举止的度。《明史·杂俎》中记载了这样一件事：有一次，明太祖朱元璋问大臣们：什么样的人最快活？众人各抒己见，但都不能令朱元璋满意。这时，一名叫万钢的官员奏道：心中有法度的人最快活。朱元璋听后，连声叫好。心中有法度，不敢乱来，与怯弱是不同的，它不是畏首畏尾，不是胆小怕事，而是为人处世的重要准则，是人生的一种大境界。子路是圣人孔子的优秀学生. 有一天，子路问孔子："您和我，谁比较适合带兵打仗？"孔子指着自己说："我适合。"子路反问道："您不是常说我很勇敢吗？"孔子说："可我不仅勇敢，而且还勇于不敢呀！"孔子的"勇于不敢"，它的深层含义就是人心中要有所敬畏，敬畏法度、敬畏天理、敬畏良心，不可越线。要经常自省自警，守住做人的度。

持平常心，做普通人

黄冈中学提倡学生做普通人，持平常心，做平凡事。每个学生都不会被压力所压倒。陈鼎常说，每个国家都在做素质教育，关键看你需要什么样的素质。他表示**黄冈中学培养出的学生不迷信权威，不害怕洋人，不崇拜有钱人，学校提倡学生乐为普通人，要求学生做对国家对社会有用的人。**

打球时，运动员往往会受伤，带伤比赛的现象随处可见。然而，当比分落后特别是大比分落后时，能够顽强拼搏到底的运动员并不多。这说明克服心理困难比克服生理更为不易。怎样保持平常的心态呢？陈鼎常坦率地告诉学生："世界上，有些事可以影响你的一生，但没有任何事可以决定你的一生。有些事成功了，为你今后的发展打下了基础，有些事不如意，塞翁失马，焉知非福？君特格拉斯年轻的时候当过石工，干过木工，打过仗，当过俘虏；第一次参加一个文学讲习班，坐在一个角落里听讲；写的第一篇小说《铁皮鼓》，还有拼写、语法错误，后来他获得诺贝尔文学奖。别人问他成功的奥秘，他说：'正因为我没有读大学，所以我一辈子都在读大学'。"

黄冈中学为增强学生的自信心，实施了一个系统计划：安排若干次难度不大的小测验；引导学生全心全意地投入，为达到目标而努力；达到了目标，使学生意识到“我能行”；进而循序渐进，促使学生用更大的热情投入下一阶段的学习。这样，学生慢慢地走出阴影，增强了自信。

为了给学生支起平常心态，陈鼎常校长为学生建立了一个三脚架：自信＋勇敢＋毅力。国际数学奥林匹克竞赛金牌得主倪忆，刚进黄冈中学时基础知识与其他同学有一定差距，甚至某些课还听不懂。陈鼎常问他有没有压力，他充满自信地说：“围棋选手常昊和马晓春开始差距也很大，不是后来居上吗？”1997年，他在阿根廷参加国际数学奥林匹克竞赛，日本记者追问中国六名队员：“如果拿不了金牌，你们会怎么想？”倪忆说：“拿不拿金牌是人生中的一件小事。”第二天，《阿根廷号角报》把他的照片连同他的话登在了报纸头版。回到中国，《北京青年报》记者简蓉问及他成功的秘诀，他说，“平常心态＋能拿不丢”是他制胜的法宝。

下面是陈校长在和学生的一次交流中的讲话：

大家知道，百年黄冈中学是一个人才辈出、星光闪耀的学校。不过，我今天要讲的不是鼓励大家当明星，也不提倡大家当追星族，而是希望同学们学会做普通人，保持一颗平常心。

先说学会做普通人。我想，如果同学们要比较，不一定要跟别人比，但一定要跟自己比。读初中时你们是出类拔萃的，到了黄冈中学可能很普通，因为黄冈中学高手云集，学生都很优秀。其实成为普通人也不错，我们就是要学会做普通人。只有这样，才能脚踏实地，走向成功。当普通人，做普通事，做身边的小事，做力所能及的事，持之以恒，充满自信，坚持下去，必有收获。

既然做普通人，就不能靠天赋，也不能靠运气。那靠什么呢？靠不懈地努力与奋斗，靠不断地学习与探索，靠经常地总结与运用。不是打速决战，毕其功于一役，而是打持久战，步步为营去争取胜利。不是醍醐灌顶、大彻大悟，而是靠细水长流的日积月累。这样普通人会变得不普通，是更高层次的出类拔萃。在某种意义上讲，没有普通，就没有出类拔萃。一个优秀的普通人也会演绎神话与传奇。

再说保持一颗平常心。保持一颗平常心不是指没有上进心，而是指不心浮气躁，不好高骛远，不急功近利。遇事冷静对待，沉着应付，处之泰然。

许多同学也曾追逐过别人的光环，须知这样做在给自己带来动力的同时，也给自己带来压力。学习别人固然重要，但不能失去自我。只有充分发挥自己的特长，又能博采众家之长，才能走出一条适合自己的成功之路。

在困难与挫折面前保持一颗平常心，尤其显得难能可贵。因为人的成长过程就是一个克服困难、战胜困难的过程。许多道理是在经历困惑或挫折后才会真正懂得，从而留下深刻印象。就是我们平时做题遇到困难，即便是认识到此路不通，也是一种收获。柳暗花明，豁然开朗，往往是经历山重水复、迂回曲折之后才能达到的境界。

所以，我不只期待同学们的进步会一帆风顺，更希望同学们能披荆斩棘，勇往直前；我不只期待同学们屡战屡胜，更希望同学们能屡败屡战；我不只期待同学们事事顺心，更希望同学们面对困难甚至磨难仍能努力保持乐观向上的心态，积极寻找快乐。

保持一颗平常心，不管面对的是权威还是常人，是富人还是穷人，是洋人还是国人，也不管是处于顺境还是处于逆境，既不自傲也不自卑，既要经得起胜利的考验，又要经得起挫折的考验。只有这样，我们才能逐渐具备承受各种压力的能力，才能逐渐磨炼出应对各种挑战的勇气，才能逐渐具备处变不惊、从容应对的气度。

这就是我所希望黄冈中学的学生应具有的心态和气质。

“教育要讲人格魅力”

“学高为师，身正为范”。教师的一言一行都将潜移默化地影响学生。黄冈中学十分注意以教师的人格去塑造学生的人格，以教师的灵魂去铸就学生的灵魂。黄冈中学前校长陈鼎常在《从黄冈中学走向北大清华》一书的序言中这样写道：

如果说黄冈中学有什么成功之处，那就是她在培养大批优秀学生的同时，锻造了她的教师队伍，造就了在湖北省享有盛誉的名师。他们具有较深的科学文化素养、全新的教育理念和独到的教学风格和艺术。他们带给学生的不仅是知识和能力，还有健全的人格和良好的习惯。随风潜入夜，润物细无声。无声的行动，一件件小事，正在不断地改变着黄冈中学，不断地改变着她的学生，不断地折射出教育思想的火花。

黄冈中学的万千学子为什么总不忘回头看看母校，回忆起他的老师？因为他们虽然已经到达了胜利的彼岸，而当年在此岸养成的鲜明的个性、广泛的兴趣、独立思考的习惯，让他受益匪浅，尤其令他难以忘怀的是在由此岸及彼岸的那座桥上，他能欣然面对，胜券在握，潇洒走一回！

物理特级教师龚霞玲老师，是全国人大代表，还是享受国务院政府特殊津贴的中青年专家，我们可以通过多种媒体了解到她的许多感人至深的故事；然而最令人感动的是她那种为着自己的理想和目标而永不停顿的学习精神。龚霞玲 50 岁开始学电脑，刚学电脑时，她有空就操练，在电脑旁一待就是几个小时，有时练到要吐的地步。功夫不负有心人，现在她的电脑技术操作娴熟，并亲手建立了几百万字的文档。过去，龚老师一直都是用方言进行教学，后来有学生向她提出了这个问题。2003 年，这一年龚老师已经 56 岁，她下定决心要克服这一教学的弱点，开始改用普通话教学。

龚老师说："别人总说我是老资格，可以吃老本，但我不是这样认为。我们当教师的总是不断地面对新的教材、新的学生和新的教学任务，甚至每天都在面临着发展变化的新的事物和学生学习、思想的新情况，教师要教好书、育好人，自己就要不断地学习新知识，研究新情况。"当问到龚老师做一名教师最重要的素质是什么，她几乎没有犹豫地说："一句话，不断努力地学习，不断地挑战自我。人生是个成长过程，不要觉得大学毕业了就很不错，其实大学毕业后，还有很多的东西需要学习。从事教师这个职业，我最敬畏的是学生，为了学生我必须加倍努力地学习。一旦有一天学生说我不行了，我就只好对学生说拜拜。"

为人师表是师爱的重要体现，一位高素养的教师，必然是一个具有良好修养和情操的人。教师树立自身美好形象甚为重要，用美的形象、美的人格去感染学生、引导学生，这是一种无声的爱。曹衍清校长认为："教育要讲人格魅力，教师靠人格魅力影响学生。"他说："教师的一言一行、一举一动，都会通过学生的眼睛在他们的心灵底片上留下影像。加强思想修养，有崇高的境界，高尚的道德品质；遇事冷静，不随便发怒，不以威压人；处事公平合理，不抱偏见，对自己所有的学生一视同仁，还有谈吐的文雅、仪表的端庄、良好的生活习惯……所有这些，都会给学生留下终生难忘的印象，成为学生永远的楷模，从这个意义上说，'教师是学生的第二父母'是决不为过的。"

在一所学校，教师的精神风采就是学校教育的灵魂，这种孕育着学校教育精神的教师风范，它的最重要的价值即在于对青少年一代精神的涵养。

2001 年进入黄冈中学，2004 年考入清华大学的夏浩回忆道："还记得高中时的一件小事：有一次班主任老师进教室后，没有马上上课，而是径直走向垃圾篓，然后把垃圾篓旁边的纸团用手捡起来放进篓中，然后再拿出去倒掉，这时全班都安静了，就看着他一个人在那里做着这件小事。以前，大家总是嫌麻烦，扔垃圾的时候都是远抛，既潇洒又省事，弄得那一块儿成了卫生死角。但是这件事发生之后，死角就不复存在了，甚至整个教室的卫生状况也有了很大的改观。这样的例子举不胜举，**老师们就是这样通过一件件的小事来教育着我们，来改变着我们，老师们送给我们的这一特殊礼物一定会让我们受用一生。**"

LIGHT THE WISDOM

教育魔方十二

让家长成为最好的老师

从小培养孩子的学习兴趣；对孩子给予充分的信任；在孩子遇到挫折和困难的时候，帮助孩子树立信心。

黄冈中学学生家长 胡政权

引导孩子明确学习目的，使他们明确学习不单单是为了今后有一碗饭吃，而是为了用自己所学的知识去改造客观世界和主观世界，使人民富裕、国家富强。

黄冈中学学生家长 罗泽生、郭桂兰

如果要讲家庭对他的影响，我想就是潜移默化吧。

黄冈中学学生家长 满五一

父亲和母亲是如同教师一样的教育者，他们不亚于教师，是富有智慧的人类创造者，因为儿子的智慧在他还未降生到人间的时候，就从父母的根上伸展出来。

——苏霍姆林斯基

没有时间教育儿子——就意味着没有时间做人。

——苏霍姆林斯基

家庭教育的另一个内容是培养子女的服从性，服从性的培养可以使子女产生长大成人的渴望。反之，如果不注意子女服从性的培养，他会变得唐突孟浪，傲慢无礼。

——黑格尔

孩子上黄冈中学，家长也上黄冈中学

宋庆龄曾经说过："孩子们的性格和才能，归根结底是受到家庭、父母，特别是母亲的影响。"孩子长大成人以后，社会成了锻炼他们的环境。学校对年轻人的发展也起着重要的作用。但是，在一个人的身上留下不可磨灭的印记的却是家庭。家长是孩子的第一任老师。家长的教育思想、教育方法、世界观、人生观和价值观对孩子有着潜移默化的影响。学校教育必须与家庭教育密切配合，才能形成教育合力，从而获得好的教育效果。而家庭教育的成功与失败，主要取决于家长自身的素质。

黄冈中学于1988年创办了家长学校。**黄冈中学提出家长应该培养孩子良好的心境，努力营造温馨和谐、奋发向上的家庭文化氛围，创造和保持孩子的最佳竞技状态，帮助孩子制订科学的复习计划，采取正确的复习方法，培养孩子自我教育能力。**

1996年，该校政教处主任荣获全国家庭教育"园丁奖"。2000年、2001年，该校连续两年被评为"湖北省示范家长学校"。2001年，该校同时被评为"全国优秀（示范）家长学校"。2001年起他们开始坚持开办黄冈中学网校家长频道，设有《家教与法》、《我家我事》、《家长课堂》、《成功家教》、《域外教育》等五个栏目，被点击数万次，扩大了家长学校的社会影响与作用，从而使家长学校的工作不断趋向经常化、科学化、制度化、规范化、网络化。

黄冈中学家长学校在讲课时，经常运用学生中的先进典型事例，进行分析，家长听后，心悦诚服。比如，方羽同学在高中入党，担任校学生会主席，具有较强的创造能力，尽管工作繁忙，但他的成绩始终在年级名列前茅，北大毕业后，又考取中央党校的研究生。家长们从这个事例中认识到，构建中学生的精神支柱和培养他们的创造才能是多么重要！

有的家长对孩子期望值过高，造成学生心理压力过重；有的家长脾气暴躁，动辄训斥，经常打骂孩子，造成孩子逆反心理；有的家长溺爱子女，对子女百依百顺；有的家长只管孩子的学习，不管孩子的思想品行和心理健康等。结合这些问题，黄冈中学的老师讲授了《家教的艺术与家长修养》，比较分析了几种不同的教育方法的不同结果，帮助家长端正教育思想，调整自己的心态，以平等的身份、科学的方法和自身的人格魅力教育孩子，取得了很好的教育效果。有一位家长反映说："过去，我总是埋怨孩子不听话，现在我才明白，主要问题是自己想法和方法不对头。"

在一次关于培养孩子文明行为习惯问题的辅导课中，主讲教师讲了这样一个事例：有位记者采访一位诺贝尔奖获得者，请他谈谈在哪所学校所受的教育影响最大。这位诺贝尔奖获得者的回答出人意料，他说，幼儿园受到的教育对他影响最大。幼儿园培养孩子讲文明、讲卫生、惜时守信的习惯使他终身受益。这个事例对家长们启发很大。

20年来，黄冈中学先后组织了60多个家教课题的研究。当然，研讨课题，应该是家庭教育工作的热点和难点问题。因为是热点问题，与会者才有参加讨论的浓厚兴趣；因为是难点问题，才有讨论的价值。随着时间的推移和情况的变化，热点与难点也有所变化，所以在不同阶段，研讨的课题也应有所变化。例如，在九十年代初，社会上有一股经商热，下海热，在中学生中出现了新的"读书无用论"。针对这一现象，他们拟订了如下研究课题：如何看待"经商热"对中学生的影响？部分学生产生"读书无用"想法的根源是什么？

2000年初，黄冈中学拟定了"家长在素质教育中应该扮演什么角色"的研讨专题，引导家长学习关于素质教育的文章，形成了广大家长参加推进素质教育的良好氛围。2001年，他们拟定了"当前中学生思想品德障碍"的研讨专题，广泛搜集材料，召开专题会议，寻找问题症结，寻求解决良策，起到了良好的效果。2002年，他们拟定了"中学生学习心理障碍"专题；2003年，他们又承接了国家级研究课题《中学生网络心理障碍及其矫治》，吸收了家长学校的成员参加研讨。

为促使家长对家庭教育的重视和对孩子教育的关心，一年一度的校园文化艺术节，学校还邀请家长、老师与学生同台演出，使学生、老师和家长共同创造美的作品，塑造美的心灵，培养美的情操，共同分享成功的喜悦与快乐。为了让家长理解学校教育工作的方式方法，学校还经常邀请家长参加学校组织的联欢晚会、座谈会、讨论会、质量分析会、主题班会。

让成功家长的经验成为共同财富

在学生家长中，由于文化层次参差不齐，自身修养存在差异，所以家庭教育效果也各不相同。即使文化层次较高的家长，有的忙于工作，无暇顾及对孩子进行教育，有的不大注意教育方法，因而教育效果不佳。许多家长十分期望能在家长学校学习一些家教经验。黄冈中学常常组织典型家教经验交流活动。

20多年来，黄冈中学坚持每年秋季举办一次家庭教育经验交流会，请教子有方、成绩显著的家长给全校参加培训的家长介绍育人经验。在介绍经验的家长中，有的是在国际中学生学科奥赛中获得奖牌学生的家长，有的是子女在中学入党、保送进入大学后在学业上取得了突出成绩的家长，还有的是在中学阶段素质全面、特长显著，进入大学后成为佼佼者的学生的家长。这些家长的经验介绍，具有很强的吸引力、说服力和感染力，能产生“辐射效应”。实践证明，组织好这些经验交流，的确能使他们的成功经验变成所有家长共同的精神财富。

黄冈中学是如何将成功的经验变成大家的共同财富的呢？

宣传成功的家教经验就是抓典型，树样板，发挥榜样的作用。20多年来，黄冈中学通过召开经验交流会、办《家教简讯》以及家庭教育研讨会等形式，满腔热情地宣传成功的家教经验，取得了很好的社会效果。

86届毕业生罗锐韧的家长罗泽生同志，为了发展孩子广泛的兴趣，使孩子能在知识的海洋里遨游，他先后给孩子订阅了28种报刊，购买了1400多册各种书籍，办了三个校外图书馆的借书证。功夫不负有心人。他的孩子在高中入党，进入人民大学后，学习勤奋，著书立说。在大二时，就有几本著作出版，并被评为北京市十大杰出青年。他的经验在家长中引起强烈反响，使家长们认识到注重教育孩子全面打好基础，发展孩子个性特长的重要性。

学生家长吴恒兴，他的三个孩子品学兼优，先后考入国家重点大学，其中，大女儿南京大学毕业后，作为优秀大学毕业生，被分配到国务院港澳办工作。家长们从中领会到要教育孩子树立崇高理想，培养良好品德的重要性。

学生家长李珍莲同志的两个孩子，一个考取北外，一个考取北大。她教育孩子深入细致，入情入理，循循善诱，讲究艺术。她培养孩子良好行为习惯和心理素质的经验和精神使家长们深受感动。

胡政权之子胡早立以685分的优异成绩考入北大。作为家长，他认为无非就是三句话：从小培养孩子的学习兴趣；对孩子给予充分的信任；在孩子遇到挫折和困难的时候，帮助孩子树立信心。然而就是这简简单单的三句话也让不少学生家长感到茅塞顿开。

黄冈中学名师经验分享

我看独生子女教育

曹衍清，黄冈中学前校长

第一，父母应以多子女的观点教育子女，并尝试虚拟多子女环境。父母不能总抱着“我就这么一个孩子，不能委屈了他”的念头。不能总是强化孩子独特、突出的个性地位和意识。应当时时提醒孩子关注其他家庭成员的需求，懂得尊重和谦让。特别是有亲戚的孩子来家里玩的时候，更是培养孩子平等、分享、容让意识的好机会。此外，孩子同伴的作用也不可忽视，必须加以积极利用。作为父母，应该放手让孩子出门找“兄弟姐妹”，让孩子把“个人”融进“群体”中，这样可以有效地克服孩子身上的“独”。

第二，民主、尊重、平等地对待孩子。父母对孩子不能够溺爱，也不能专制。正确的做法是，鼓励孩子更多地参加实践，在实践中激发孩子的创造性和解决实际问题的能力。父母还应将民主和平等的观念引入到孩子的教育之中。在引导实践的过程中要做到赏识教育和挫折教育并重：一方面要设置一些小的“难题”让他体会挫折感，教会他如何战胜自我，不因遇到挫折就一蹶不振；另一方面，对于他的每一点进步都要给予真诚的鼓励和赞扬。成功的父母还应善于营造民主和谐的家庭氛围，懂得尊重孩子的自尊心，树立孩子的自信心。好办法之一就是让其参与到家庭中的事务，从小培养家庭小主人的责任感和责任心，而不是总把他当“小孩儿”看待。

第三，关注品德教育。父母应当认识到，一个人如果没有健康的人格和品德，即使拥有聪慧的大脑和丰富的知识，也会因为承受不了心理的精神的重负而丧失对生活的信心。因此，父母们首先需要做的就是澄清自己的价值观，认识到技能和知识并不是唯一的。要善于抓住生活中的点滴机会塑造孩子的品德，灌输积极健康的价值理念，培养格调高雅有益身心的爱好。其次，就是要遵循客观规律，了解孩子的天赋水平、特长类型和兴趣指向，将孩子摆在一个适当的位置上，不要产生超越其能力的不切实际的期望。

黄冈中学学生家长经验分享

我们这样教育孩子

毛新容，王星泽妈妈，高中文化，在湖北省黄梅县水产公司做会计工作。其子王星泽于2006年5月在第七届亚洲物理奥林匹克竞赛中以理论第一的优异成绩夺得一块金牌，同年7月，在第三十七届国际奥林匹克物理竞赛中再次摘得一金。后被保送到北京大学物理学院学习。2012年王星泽获剑桥大学数学硕士，2014年获斯坦福大学电子工程学硕士、管理科学与工程学硕士，2015年底获斯坦福大学应用物理学博士。

星泽出生于1989年9月13日。孩子出生后，我就不厌其烦地对着儿子说话、唱歌、做动作，且声情并茂，不管儿子能否听懂，我每天抽出时间和儿子交流。时间长了，小家伙就对我的声音产生了依赖，只要听到妈妈的声音，他就乖，否则就闹。

星泽3个月时，我要上班了，为了使儿子快乐，我憋着普通话，一遍遍地朗读唐诗，然后，把它录在磁带上，让奶奶在家放给他听。从小锻炼小星泽的听力。此外，我还从书店里买来一些有图案和文字的卡片，先让儿子看图，然后教他识字。

在生活中，我总是顺其自然地教儿子识字，在公园里，见了各种动物，我不仅给儿子讲相关的动物知识，还教儿子通过标牌识字；去商店买玩具时，我也不放过机会，总是先告诉儿子玩具的名称是什么，然后，对着玩具上的字样教他识字。

为了便于记忆，我还采取归类的办法，帮助儿子记忆，就是把相同类别的放在一起，所以，他在很短的时间内就把妈妈教的字给记住了。就是在这玩的过程中，王星泽认识了不少字，也增长了知识，到了3岁多的时候，他就能识2000多个字了。

儿子能够识字后，我就经常带着儿子去新华书店，让他自己挑选一些他喜欢看的幼儿图书。

渐渐地，我发现小星泽对故事书特别感兴趣，但书中还有一些字他不认识，阅读起来有些困难，因此，小星泽就天天缠着要我给他讲故事，每次讲完后，我就叫星泽再复述一遍，小家伙每次都能绘声绘色地讲出来，这样，既有利于提高孩子的记忆力，又培养了孩子的口头表达能力。

一段时间后，儿子听故事的胃口吊起来了，可我决定不给他讲了，而是让他自己去阅读，教他学会查字典，因此，儿子解决问题的能力和自己动手能力得到了进一步的提高。

随着识字量的递增，小星泽的阅读速度加快了，4 岁的时候，他就读了很多书籍。

看到儿子已经具备了上学的条件，1994 年 9 月，我就将 5 岁的星泽送到附近的城关小学。

我知道，好的习惯可以让儿子终身受益。因此，我特别注重培养儿子的学习习惯和行为习惯。

一天，上小学的儿子放学回家，刚一放下书包就嚷着找我要零花钱，我纳闷，最近一个星期，儿子怎么花钱那么厉害？钱花到哪里去了呢？我问了半天，儿子支支吾吾也说不出个所以然。最后，他告诉我，说是买零食吃了。儿子知道自己违反了当初的约定，低头不语。

看到儿子的样子，本想发脾气的我突然改变了主意，就蹲下来，抚摸着儿子的头，说："星儿，外面小店里的东西不卫生，都是三无食品，吃了对人体有危害，以后想要吃什么东西，跟妈妈说，妈妈可以带你去大的商场买！"并趁机教他辨认什么是三无产品。

我决定采用会计"收付记账"的方法，来引导儿子消费和理财，培养儿子花钱习惯。

于是，我给星泽买了一个"袖珍账本"，让他将平时零花钱的来源、去向、结存记录下来。一个学期之后，星泽渐渐改变了乱花钱的习惯了，从此，他的零花钱"账户"再也没有出现过负数。

星泽零花钱"账户"余额逐渐上升，我又趁机启发儿子，学习也是一样，如果没有计划和安排，每天打乱仗，同样学不好，学习成绩也会出现负增长。

于是，在我的启发下，儿子又学会了记日记，自学能力非常强，学习一直处在领跑的位置，他常常跑在老师的教学前头。

1998 年 4 月，小学三年级下学期，我从同学那里得知，儿子上课几乎不听讲，我通过老师得知儿子上课很少听讲，但发言都回答得上来。

于是，我决定因材施教，让他跳级。

第二天，我跑到学校找班主任，把儿子跳级的想法告诉了他，班主任老师做不了主，让我去请示校长。校长同意让王星泽考试，结果，在规定的时间内，他的语文居然考了 85 分，数学考了 89 分，如愿直接升入小学五年级。

刚开始，儿子成绩当时在班上排中等，两个月后，他的成绩总是名列前茅，作文《梦游二十一世纪》在湖北省第二届小学生作文竞赛中荣获二等奖，被学校聘为广播台的小记者。

星泽喜欢写文章，尤其是进入初中后，一有空就写些诗歌、小小说、散文等，我总是大加赞赏，给予鼓励。2003年3月，他的童话《狐假虎威》在《故事大王》上发表了。

罗泽生、郭桂兰，其子罗锐韧、罗锐锋分别是黄冈中学86届和88届毕业生。罗锐韧于1986年被保送到中国人民大学工业经济系，曾是北京青年经济学会会员、北京市级“三好学生”，连续两年获中国人民大学奖学金，在校期间发表多篇论文，是人民大学实施学分制以来第一位提前毕业的本科生。二儿子罗锐锋在黄冈中学学习期间，连续两年在全国数学竞赛中获奖，后考入清华大学汽车工程系。

一、正确认识家长的职责，把教育孩子看作是家长应尽的社会义务。基于这样的认识，我们不论工作多忙，任务多重，时间多紧，都要挤出时间，观察孩子的情绪，思想变化，检查孩子的学习情况，到学校找老师了解孩子在校的表现，研究教育和管理孩子的办法，尽一切努力把孩子教育好。

二、加强修养，以身作则，提高教育孩子的能力。家庭是子女的第一所学校，父母是孩子的第一任老师。家长的言行举止，潜移默化地影响孩子的思想和性格。

比如，要求孩子有理想，有奋斗精神，自己就不在孩子面前说悲观丧气的话，表露不好的情绪；而是要朝气蓬勃，拼命奋斗，要把自己所担负的工作搞出点名堂来，要求孩子刻苦学习，自己就首先做出样子，孩子晚上在学习时，自己不看电视，不到外面去玩；而是看书报，写文章，孩子睡了自己才睡。要求孩子待人诚实，自己首先做出样子，不弄虚作假，一是一，二是二，要求孩子尊敬老师，尊老爱幼，自己首先做出样子，尊敬自己的老师，尊敬孩子们所有的老师；对自己的父母处处关心、敬重。

冬天，孩子看到我们常给老人盖被，他们也学着做，小儿子放晚学回来的第一件事就是去给婆婆盖被子。总之，要求孩子要做的事，自己尽力先做到；反对孩子做的事，自己首先带头不做。

三、创造良好的学习环境，培养孩子的学习兴趣。创造良好的学习环境，这是培养孩子学习兴趣、发展孩子智力的条件。

为了给孩子们创造良好的学习环境，我们着重抓了三件事。

1. 办好家庭图书室，让孩子在知识的海洋里遨游。我们克服家庭经济困难，先后订了《少年报》、《少年文艺》等28种报刊。

购买了政治、经济、文学、教育、卫生、军事、历史等各方面的书籍共1400多册，让他们从幼儿时就能从各类书刊中取得多种营养。

2. 充分利用社会图书馆。我们除帮助孩子在有关单位和学校借一部分书刊外，还到地、县两级图书馆办了三个借书证。

3. 引导孩子学书中人，干书中事，做书中人。

在博览群书的同时，我们要求他们有理想，热爱社会主义祖国和社会主义事业，要有为国家富强和人民富裕而艰苦奋斗的献身精神，能实事求是，独立思考，勇于创新。

为了培养孩子的学习兴趣，我们采取了五点做法：

1. 引导孩子明确学习目的，使他们明确学习不单单是为了今后有一碗饭吃，而是为了用自己所学的知识去改造客观世界和主观世界，使人民富裕、国家富强。

2. 引导孩子积累知识，告诉孩子学习在于勤奋，知识在于积累。两个孩子在中学期间，每个人都分门别类做了不少课外学习笔记。进入大学一年级，大孩子在一年多的时间看了70多本课外书，写了近40万字的读书笔记。

3. 经常引导孩子提出一些可以进一步观察、思考的问题，并指给他们一个通过努力可以解决问题的前景。

4. 引导孩子发扬勤勉奋斗的精神，使孩子以学为乐，如大孩子在给一位同学的信中写道：“社会就是一旧—新的动态平衡。所以从今天起，谁继续充分发挥人的主观能动性，发挥勤勉朴素的奋斗精神，谁就一定能够成功，如果相反则只有最终失败。”

5. 经常对孩子的思想、学习、工作给予积极的评价，充分肯定和鼓励他们的进步，适当指出不足和他们的潜力，以诱发孩子的学习兴趣。

四、鼓励孩子追求新知，敢于向未知世界探讨。为此，在家里我们经常鼓励他们对某一个问题各抒己见。有时他们驳倒了我们，我们也敢于认输。即使他们的意见错了，我们也不轻易指责，而是鼓励他们再思考、再探讨。

正因为在家里养成了这一习惯，所以孩子在学校敢于发问、勤于思考，大孩子在高一时学了集合论，就写出了《用集合论解释概念间的关系》的文章，登在校刊《黄高青年》上。事实说明，只要鼓励孩子大胆探索，培养孩子的创造精神，是会有效促进孩子的智力发展的。

五、依据孩子的心理特征，坚持该管的管住，不该管的放开，做到管而不死，活而有度，严而有格。

如大孩子七岁时，指挥弟弟拿了家里的一元钱，准备第二天买冰棒吃。我们发现后，就采取讲故事的办法，进行忠诚老实的教育，使他们说出了真情。根据孩子幼稚无知的情况，我们耐心地讲明背地里拿家里或别人的东西，是属于盗窃行为的道理，并讲明今后无论要什么东西，都必须得到大人的许可，就是摆在桌上、落在地上的钱也不能拿去，从而把不良倾向消灭在萌芽状态之中。由于晓之以理，以后不仅杜绝了这类事的发生，而且有钱也不乱用。又如小儿子，生性好动，组织纪律差。我们除经常主动到学校走访老师外，还常常在晚自习时观察他的动静，发现问题及时纠正，对不守纪律而影响别人学习的事抓住不放，一抓到底。只有不护短，才能不出短。

对孩子的学习、爱好等有益的活动，我们坚持放开，尽量促进其个性发展。小儿子兴趣广泛，不仅对所学的各科知识感兴趣，而且对下棋、打牌、打乒乓球、踢足球等活动也甚爱好。对于他的各种爱好，我们不乱加干涉。所以，他在初三的语文演讲比赛时，针对有的同学只读死书，不善于培养课外爱好以致智力不能得到有效发展的问题，写了一篇《谈一个人的业余爱好》的演讲稿，广泛地运用以前学过的知识，从各方面列举事例，正反结合地进行论述，获得了一等奖。

六、克服认为进入高校万事大吉思想，运用书信继续加强对孩子的教育。我们要求孩子除特殊情况外，他俩每星期都要向家里写一封信，汇报自己的学习、生活、工作情况，在书信中随便交谈，大事征求家里的意见。

以去年下半年为例，收到大儿子的来信25封，小儿子的21封。我们每信必复，每封少则五六百字，多则一两千字。事情也巧，总写总有话讲，总写总感到未讲透。这样的好处就是既联络和发展了孩子和家庭的情感，又深化了对孩子的教育，还使孩子感受到父母的温暖，并帮助孩子解决了自己原来考虑不周或尚未考虑的事。

如大孩子进人民大学后，因生病学校准备让他退学而未安排他到校学生会当干部，因而他情绪一度不好，我们曾多次去信做工作，帮他查清病情，放下思想包袱。后来，他终于改变了原来的想法，刻苦学习，结果在大学一年级就得了人民大学的奖学金，二年级上学期就开始出科技成果。

小儿子往往对自己要求不高，针对这个问题，我们经常写信提醒他。三月中旬他来信说："我生日马上就要到了，十八岁标志着成熟，十八岁对于男人来说是正起身子看社会的时候，我已变为一个公民，我将走我自己生活的道路，18年来，是你们辛辛苦苦地哺育了我，把我送进了高等学府，在我的每一个脚印中，都有着你们的血汗和希望，我长大了，我开始闯天下了，我永远也不会忘记，永远也会感受到我背后催人奋进的目光！"

满五一，倪忆的母亲，倪忆是第38届数学奥林匹克竞赛金牌获得者，也是拒绝哈佛的中国第一人。

如果要讲家庭对他的影响，我想就是潜移默化吧。我和爱人都是老三届初中毕业的知青，从武汉上山下乡来到鄂西北山区，至今在这块土地生活、工作了快30年了，我们本身没有读多少书，讲不出高深的理论，不可能对他实施高水平学习辅导，可以说在学习方面完全依赖学校了。家庭多是顺其自然地用我们朴素、执着的情感和行为影响他。我在郧阳医学院做财务工作，爱人在湖北汽车工业总公司郧阳公司做业务工作，两个孩子，倪忆是老二。

我们家没有香烟袅袅，没有打扑克、"垒长城"的喧闹声。孩子的生活习惯一直很好，从不乱花钱。

倪忆上学每天经过闹市，街上琳琅满目的小吃、糖果、冷饮对他毫无诱惑力；他从小至今总是乐呵呵地穿着我们和他哥哥的旧衣服，哥哥的旧凉鞋，在黄冈一穿就是三年，在离开十堰去黄冈读高中之前，一直是我给他理发。

我们给孩子买了很多书，记得有套《中国少年儿童百科全书》包括自然环境、科学技术、人类社会、文化艺术四卷，他很喜欢并经常翻阅，有时做作业还引用书中知识。我们还为孩子买了中国地图和世界地图，多年来，地图旧了再换新的，墙上至今还留着粘贴的痕迹。孩子们往往从报纸、书及电视里了解到自己感兴趣的事时，就在地图上查找其所在的地理位置。地图给他们带来兴趣，伴随着他们长大。

1994年倪忆去上海参加"宋庆龄奖学金"颁奖大会，上海儿童向他们提问：奖学金拿回去打算如何安排？孩子们说了各种安排打算，其中都一致表示打算把钱捐给希望工程。回来后我们再一次征求他的意见，帮助他将奖学金拿出480元捐助了我们当时插队山区农村的一名失学女童。

高二时，倪忆参加联赛虽然得了一等奖，但没能进冬令营，我们没有埋怨他，而是去信鼓励他："我们只要看到你能正确认识自己，对你就是更大的收获和进步，我们更会为你而高兴的。"

儿子捧回了金牌，面对一片赞扬声，我对他说，"第一，永远不能忘记老师的教育之恩；第二，今天的成绩仅仅是你在中学阶段的学习成绩，要为国家做出贡献，还需今后努力。昨天已经过去，明天将一切从零开始。"儿子懂事地点点头。

黄冈中学学生经验分享

家长，请听我说

周丽玮，2009年进入黄冈中学，2012年通过北大校长实名推荐进入北京大学。

在大学，有位老师给我们讲了这样一个故事：同学们玩一个叫哑巴帮盲人的游戏。俩一对，一个装作哑巴，不允许说话；另一个在眼睛上系上不透光的布，装作盲人。"哑巴"要带领"盲人"穿过一系列障碍物。当他们经过一个桌子时，这位老师观察到，"哑巴"把"盲人"的头使劲地往下按，"盲人"却一个劲地往上抬头，所以脑袋一次次碰到了桌子。

这像不像是某些家长和孩子呢？

每个学生都有自己内心的想法。家长作为过来人，站在自己的角度看，自然知道什么是相对有利的，什么是相对有害的，看见"走岔路"的孩子，就不由自主地把孩子的头往下按，正如故事中的"哑巴"一样。然而，学习、生活是需要我们学生自己体验、感受的，一味地强制性的帮助恐怕不仅适得其反，还会激发两代人之间的矛盾与冲突。

如果你是位家长，我想说，我们都有自己的想法和思考，过多的干预是没必要而且有害的。

如果你是位家长，我想说，请想想自己的少年时代，自己少年时代的理想与追求。

如果你是位家长，我想说，请做我们的引导者，而非管治者。

夏浩，2001年进入黄冈中学，2004年考入清华大学。

我认为家长应该注意，千万不要给我们太大压力，身为过来人的我最了解家长的心理。其实大家心里都非常紧张。如果家长看到孩子玩，此时千万不要不加分辨地就给孩子加压，因为处于特殊阶段的我们有特殊的心理，此时很可能是因为压力过大导致心理压抑，进而导致精神空虚，此时应该做的是帮助孩子调节，而不是继续加压。

附　一

黄冈中学在40年的辉煌历程中，一位书记和六位校长功不可没……

第一棒：周维新

周维新：1978—1984年任党支部书记。

第二棒：张庭良

张庭良：1984—1992年任校长。

第三棒：曹衍清

曹衍清：1992—1999年任黄冈中学校长。

第四棒：汪立丰

汪立丰：1999—2004年任校长。

第五棒：陈鼎常

陈鼎常：2004—2011年任校长。

第六棒：刘祥

刘祥：2011—2014年任校长。

第七棒：何兰田

何兰田：2014年任副校长（主持学校工作）。

后　记

2009年年底，我接到阮中强先生的电话，他说正在写一本关于黄冈中学教育方法的书，希望我看了初稿后提一些意见，我觉得阮先生是在做一件很有意义的事情，随即答应下来。不管黄冈中学是否存在所谓的“教育魔方”，也不去评说黄冈中学的种种做法是否一定值得去效仿，能把黄冈中学的教育理念总结梳理出来，让大家去讨论、去参考，取长补短，这对教育是大有益处的。我当时还答应阮先生，等他的书定稿后，我会帮他写一个后记，以一个从黄冈中学走出来的普通学生的身份，谈一点自己的看法。

一直以来，黄冈中学都是教育界谈论的热点话题。我想这源于几个方面的原因：第一，黄冈中学的确取得了很多瞩目的成绩，尤其在奥林匹克竞赛方面，目前几乎没有其他中学能够超越；第二，从小学到高中，几乎所有的学生都受过黄冈试题或者教辅资料的折磨，“黄冈”这个名词具有较高的知名度和社会声望；第三，近年来，黄冈中学先后开办黄冈中学网校，与“步步高”学习机合作，在外地开办黄冈中学分校等等，这些教育市场化和产业化的做法引来不少争议；第四，某些媒体的疯狂炒作，故弄玄虚，无中生有，屡屡将黄冈中学置于舆论的风口浪尖。

我不是专业的教育工作者，对教育理论上的东西，也没有太多的发言权。在我眼中，抛去奥赛的光环，黄冈中学跟中国的许多中学其实都一样，在教育的大体制、社会的大背景之下，循规蹈矩，教书育人，并无所谓的“神话”可言。如果说黄冈中学真有什么过人之处的话，我觉得，一百多年沉淀下来的自由和宽容的气息，才是黄冈中学永远的精神财富。

走出黄冈中学的大门已经快六年了，现在成为普通的社会一员，母校的老师们教给我的那些知识可能早已生疏淡忘，但在校期间发生的几件事，至今时常回味。

记得高二开始，我们搬到新教学楼上课。新教学楼旁有一新建大门，与校外街道相连。自从新教学楼正式启用之后，新大门外的街道上多了很多小商小贩，主要经营各种小吃。这些小吃，经济又实惠，大家不用走太长的路就能买到，还可以趁机外出“放放风”。一时间，很多人都不愿意去食堂了，每天吃饭时间三个一群五个一伙，出外就餐。可惜好景不长，不知道是为了把大家拉回食堂就餐，还是为了强化管理，学校决定关闭新大门，大家逍遥自在的日子似乎就要一去不复返。针对学校这一举动，尽管大家极其愤慨，却始终敢怒而不敢言。意外的是，一天早上，在去操场早操的途中，大家发现在学校旧教学楼一楼的显著位置，贴着一张红色的“大字报”，具体内容就是对学校关闭新大门的举动表示强烈不满。不少人都当场惊愕。在我们看来，敢如此跟学校唱反调的，后果不堪设想，学校肯定要把写“大字报”的人揪出来，从重处罚。最后的结果出乎所有人的意外：学校取消关闭大门的决定，改为在每天放学后分时间段开放，非休息时间关闭。而且，写“大字报”的事竟然既往不咎，只是强调以后反映问题要以适当的方式和程序。这是我第一次感觉到，学生和学校之间，并非只是绝对地服从和被服从，作为学生，如此大胆的“创造”也可以被原谅、甚至被接受。几年之后，我步入大学，进入社会，更加深切地感受到，作为一所高中，自由和宽容，对于正在成长的学生来说，是多么的难能可贵。

快要毕业前的一个月发生的一件事，同样给我留下了难以磨灭的记忆。

临近高考，根据以往的经验，通常会发生一些社会人员入室盗窃的事件。为此，学校加强了安全保卫工作，由政教处和保安部对校园进行24小时巡逻。尤其是晚间，学校的每一个角落几乎都有人在值班。那段时间，我与同班某位女生“打得火热”，几乎每晚下自习后都要与其漫步学校操场，大谈人生理想，并亲自将其护送回家。某晚，由于越聊越欢，竟忘记了时间，学校的人几乎走光了，我们还坐在操场一处无人的角落窃窃私语，促膝长谈。不知什么时候，一束刺眼的手电筒灯光射向我们，还有人大吼一声：“是谁？”我大惊，本能地一跃而起，向操场跑去。不到十步，便被两个彪形大汉按倒在地，学校保安将我擒拿之后，带到政教处一个老师那里进行审问。他们最开始以为我是校外的人，后来弄清楚之后，非要我说明与那位女生之间是何关系。我一时无以应答。那个老师便用了审讯惯用的“伎俩”，对我说：“我们刚才先问了那个女生，她全部都说了，你没什么好抵赖的！”我深感形势不妙，心想还不如尽早坦白，争取宽大处理。于是将我俩互有倾慕之意的事和盘托出，强调两人只是在思想和学习上存在较多交流，并无其他私心杂念，并恳求老师不要将当晚之事通报班主任和学校。只记得当时那位老师教育了我几句之后，叫我回宿舍早点休息。我一夜无法入眠，担心第二天全校都知道我的糗事，老师和同学会怎么看我？后来事情的发展并非我想象的那么严重，似乎没有其他人知道那晚发生了什么事，我不安的心逐渐平静下来，认真复习备考。最后，我和她都以优异的成绩考上了理想的大学。拿录取通知书的那天，我在校门口碰到政教处那位老师了，他没说什么，只是朝我会心一笑。我从内心深深感谢他。那件事如果以另外一种方式去处理，我和她肯定会在高考备考最后的日子里，备受煎熬，最终我们人生的轨迹可能要分别被改写。

黄冈中学就这样，用自己博大的胸怀和宽容的臂膀细心呵护着我们。我为自己的母校感到骄傲，不因为她获得了多少块奥赛金牌，也不因为她每年考上了多少北大清华，只因为她对每一个孩子严父般地教导，慈母般地培育，让我们懂得了生活的意义，让我们明白了生命的价值，这些，是金牌和分数无法衡量的。

当然，金无足赤。黄冈中学长久存在着的以及在发展过程出现的种种问题，是无法回避的。

第一，地区性经济文化的相对落后导致黄冈中学在教育资源方面先天不足。尽管黄冈的教育在全国享有盛名，但黄冈的经济发展水平却并不引人注目。近年来，黄冈的经济发展速度较快，在湖北省的GDP排名逐年上升，但与武汉、宜昌、襄樊等地相比差距十分明显。而黄冈中学的重点生源主要来自黄冈下面各县市，这些县市发展极不平衡，“死读书”、“读死书”的情况十分严重，学生素质参差不齐。在英语等注重能力和应用的学科方面，黄冈中学的学生一直无法与武汉等一线城市的学生竞争，加之信息资源等方面的劣势，黄冈中学的高考成绩，特别是尖子生的成绩，几乎无法获得质的突破。生活条件和待遇方面的差距，使得黄冈中学教师队伍无法及时补充优质的新鲜血液，这也成为黄冈中学师资力量不足的重要原因。

第二，教育制度的不健全导致不同学校之间的恶性竞争，造成黄冈中学教育资源的严重流失和浪费。以前，按照中考成绩从高到低录取学生的制度下，黄冈中学可以把黄冈市最好的生源尽收怀中，通过科学的教育和培养，大多数优秀生源都能够获得较好的发展，考上理想的大学。然而，现在黄冈中学的生源质量大大下降，各县市的高中纷纷抢夺优质生源，在中考前就举行预录考试，考上后即可入校学习，无须参加中考。这些恶性竞争，无疑极大地削弱了黄冈中学在生源上面的竞争优势。优质生源无法获得在黄冈中学学习的机会，失去了更好的成长环境，也造成黄冈中学教育资源的浪费。

第三，黄冈中学不可避免地陷入了教育市场化和产业化的误区，引来了极大的争议。近年来，黄冈中学将教育品牌打入市场，走出了一条产业化的道路。先后编写各类教辅资料、开办黄冈中学网校、与“步步高”学习机合作、在外地开办分校，利用黄冈的教育品牌效应赚取有形和无形的利益。无论是为了扩大知名度，还是面对办学经费困难之下的无奈之举，黄冈中学走出的这条教育产业化道路，对教育的发展本身而言，我个人认为是弊大于利，乏善可陈。这些“务虚”的举措，对黄冈中学教书育人的本职工作造成了不良的影响。

第四，黄冈中学沉浸在炮制和被炮制的“神话”中无法自拔，忧患意识和进取精神严重不足。在很多人眼中，黄冈中学俨然成为教育的神话。这种神话的产生，既有外界的炒作，也有黄冈当地政府和黄冈中学主动而带有目的性的刻意宣传。黄冈中学已成为黄冈市甚至湖北省的一块“金字招牌”，无论哪一方，都不会坐视黄冈中学神话的破灭而不顾。延续不断的神话背后，是忧患意识和进取精神的缺失。生于忧患，死于安乐。面对如今教育的激烈竞争，不与时俱进，不加强创新，沉浸在成绩上面沾沾自喜，甚至面对失败报喜不报忧，不进行总结和反省，是势必要退步的。

2009年11月16日，北京大学招生办公室公布了获得2010年“中学校长实名推荐”资格的39所中学及校长姓名，湖北省有3所中学获得这一资格：华师一附中、武汉外国语学校以及武汉二中，而黄冈中学则榜上无名。北大招办官方网站发布的公示说，这份名单是综合考察申请中学的办学条件、生源质量等因素最终确定的。尽管黄冈中学的落选并不能完全证明其教学实力和教育水平不如获选的中学，但这也从一个侧面提醒那些沉浸在黄冈神话的人：黄冈中学距离中国一流中学的路还很遥远。

我认为，黄冈中学存在的种种问题，不是个别的、特殊的，她恰恰是整个中国教育问题的缩影。我们在反思这些问题的同时，最应该深究的，恰恰是教育制度本身。在目前的教育体制之下，在高考指挥棒的掌控下，黄冈中学屡屡冒天下之大不韪，苦苦寻求两全其美的良方，以求解决教育发展过程中的深层次矛盾，难免会误入歧途。任何人，任何部门，如果没有深刻了解黄冈和中国教育的现实，就没有资格对黄冈中学进行无端的指责。黄冈中学的种种尝试，种种突破，我们应该给予更多的宽容，哪怕是批评，也应该是善意的。而黄冈中学一百多年沉淀下来的气质与精神，值得每一位教育工作者去尊重，去研究，去学习。

我想再次申明的是，我不是一个专业的教育工作者，对很多实际、实质的问题没有深入地研究，认识难免肤浅和草率，但是，作为一个黄冈中学的学子，我对母校的爱，深沉而执着；作为一个普通大众，我对中国教育美好的期望，矢志不渝。

阮先生的这本书是很有意义的，他为中国教育提供了一个较为全面的参考范本，也值得关心教育的人们去研究和讨论。我衷心地希望，黄冈中学的明天会更好！中国教育的明天会一片光明！

朱华亲

2010 年 4 月于广州

参考书目

1. 李金奇、袁小鹏：《黄冈中学"教育神话"解读》，湖北人民出版社，2008.12。

2. 李金奇、袁小鹏：《黄冈名师叙事录》，湖北人民出版社，2009.12。

3. 杨开泰主编：《等你在北大清华》，清华大学出版社，2013.9。

4. 胡博士主编：《从黄冈中学走向北大清华》，新世界出版社，2005.3。

5. 高普、陈利华：《中国故事》增刊—《黄冈真经》，2001.12。

6.《三联生活周刊》总第 435 期，2007.6.11。

7. 北京日报编辑部编：《怎样当个好老师》，北京日报出版社，1987.8。

8. 黄冈中学官方网站　www.hbshgzx.com

9.《黄冈中学报》

10. 北大招生网 http://www.gotopku.cn/

11. 乐俊峰："'别样母爱'育出'奥赛冠军'"，《华夏女工》，2007（04）。

12. 官芹芳、薛婷彦："黄冈：高中教育的理想与现实"，《上海教育》，2009（01）。

13. 杨瑞春："原来是'应试教育搞得好'?——黄冈中学'神话'背后"，《南方周末》，2001.9.29。

14. 甘丽华、董伟："光环笼罩黄冈中学"，《中国青年报》，2007.6.26。

15. 朱振国："一所中学与高考制度改革"，《光明日报》，2009.5.27。

16. 方明编：《陶行知名篇精选》，教育科学出版社，2006.5。

17.《疯狂英语（教师版）》，2007.1。